イッキに攻略!

公務員試験 面接

一問一答

公務員試験予備校EYE 編著

高橋書店

イッキに攻略！　公務員試験 面接【一問一答】　目次

序章　公務員面接のきほん

公務員面接のきほん …………………………………………… 8

第1章　アイスブレイク質問

1 自己紹介をしてください ……………………………………… 14
2 自己PRをしてください ……………………………………… 15
3 面接の控室でどんなことを考えていましたか ……………… 16
4 面接のためにどのように情報収集をしましたか …………… 17
5 ○○市にはどれくらい来たことがありますか。
　来てみてどうでしたか ……………………………………… 18
6 まち歩きをしましたか ……………………………………… 19
7 説明会に参加してみていかがでしたか …………………… 20
8 あなたの住む自治体の魅力を教えてください ……………… 21
9 公務員に対してどのようなイメージを持っていますか……… 22

第2章　志望理由に関する質問

10 なぜ、国家公務員ではなく、地方公務員を志望するのですか ……24
11 なぜ、地方公務員ではなく、国家公務員を志望するのですか ……25
12 なぜ、民間企業ではなく公務員を志望するのですか ……… 26
13 民間企業と公務員の違いは何だと思いますか ……………… 27
14 なぜ、会社を辞めてまで公務員になりたいのですか ……… 28
15 公務員に求められる資質は何だと思いますか ……………… 29
16 警察官を志望した理由は何ですか ………………………… 30
17 警察官に対してどのようなイメージを持っていますか……… 31
18 警察官としてどのような仕事がしたいですか ……………… 32
19 ご家族は公務員になることについて何かおっしゃっていますか……33
20 併願状況を教えてください ………………………………… 34

002

21 併願先に合格してこちらは不合格だった場合、どうしますか……35

22 あなたを採用するメリットは何だと思いますか ………………36

23 あなたが考える理想の職員（公務員）とは ……………………37

【コラム】「働きたい理由」と「住みたい理由」を混同しない …………38

第**3**章　政策・行政課題に関する質問

24 ○○市の課題があれば教えてください ……………………………40

25 住民満足度を向上させるにはどうすべきだと考えますか …………41

26 待機児童を減らすにはどうすべきだと考えますか …………………42

27 子どもの貧困問題を解決するにはどうすべきだと考えますか……43

28 児童虐待を防ぐにはどうすべきだと考えますか ……………………44

29 いじめ問題についてどうすべきだと考えますか ……………………45

30 廃プラスチック問題についてどうすべきだと考えますか ……………46

31 食品ロスを減らすにはどうすべきだと考えますか …………………47

32 放置自転車をなくすにはどうすべきだと考えますか ………………48

33 災害対策についてどのように取り組んでいくべきだと
考えますか …………………………………………………………49

34 空き家問題についてどうすべきだと考えますか ……………………50

35 公共施設の老朽化問題についてどうすべきだと考えますか …………51

36 多文化共生社会を推進していくにはどうすべきだと考えますか…52

37 スポーツ振興推進のために何をすべきだと考えますか ……………53

38 熱中症予防対策についてどうすべきだと考えますか ………………54

39 路上喫煙をなくすにはどうすべきだと考えますか …………………55

40 高齢者の孤立を防ぐにはどうすべきだと考えますか ………………56

41 自殺者数を減らすにはどうすべきだと考えますか …………………57

42 防犯対策についてどうすべきだと考えますか ………………………58

43 自治会加入率を上げるにはどうすべきだと考えますか ……………59

44 行政の効率化を進めていくにはどうすべきだと考えますか………60

45 政策に反対する住民がいた場合、どのように対応しますか ………61

【コラム】説得力のあるアピールをするには ……………………………62

003

第4章　自分自身の考え方や行動に関する質問

46 休日はどのように過ごしていますか……64

47 自己啓発に何か取り組んでいますか……65

48 どんなときにストレスを感じますか……66

49 ストレス解消法を教えてください……67

50 最近、うれしかったことはありますか……68

51 最近、腹が立ったことはありますか……69

52 あなたはリーダータイプですか、
それともサポートタイプですか……70

53 あなたの長所と短所を教えてください……71

54 座右の銘は何ですか……72

55 今までに挫折の経験はありますか……73

56 あなたのどのようなところが公務員に向いていると思います…74

57 学生と社会人の違いは何だと思いますか……75

58 今の公務員に足りないものは何だと思いますか……76

59 公務員の不祥事についてどう思いますか……77

60 昇進（出世）したいですか……78

61 希望しない部署に配属されても問題ありませんか……79

62 あなたにとって、働きやすい職場とはどんな職場ですか……80

63 周りがやる気のない人ばかりだったとしたらどうしますか……81

64 約束があるのに残業を命じられたらどうしますか……82

65 警察学校の訓練は厳しいですが、ついていけそうですか……83

66 あなたにとって向いていない仕事はどんな仕事ですか……84

67 転勤が多いですが大丈夫ですか……85

68 上司と意見が対立したらどうしますか……86

69 職場には年下の上司もいますが、問題ありませんか……87

70 苦手なタイプはどんな人ですか。
また、上司がそうだったらどうしますか……88

71 良好な人間関係を築くために意識していることはありますか……89

72 周りからどのような人だと言われますか……90

73 友人はどのような性格の人が多いですか……91

74 購入しなくてはいけないものがあって、お金がないとき
どうしますか……………………………………………………92

75 もし、大金が手に入ったらどうしますか………………………93

76 あなたにとって、「働く」とは何ですか………………………94

77 10年後、どのような職員になりたいですか…………………95

78 将来の夢は何ですか……………………………………………96

79 必ず叶うならどんな夢を願いますか…………………………97

【コラム】マッチングを意識しよう……………………………………98

第5章　学生時代に関する質問

80 大学時代、どんなことに力を入れて取り組みましたか……………100

81 ○○学部を選んだ理由は何ですか。
また、学んだことをどのように仕事に生かしていきますか………101

82 ゼミを選んだ理由は何ですか…………………………………102

83 ゼミで大変だったことは何ですか……………………………103

84 サークルには所属していますか………………………………104

85 サークルで大変だったことは何ですか………………………105

86 チームで1つの物事に取り組んだ経験はありますか………106

87 ボランティアの経験はありますか……………………………107

88 なぜ、そのアルバイトを選んだのですか……………………108

89 アルバイトで大変だったことは何ですか……………………109

90 アルバイトでクレーム対応の経験はありますか……………110

91 アルバイト代は月にどれくらいで、
何に使うことが多いですか……………………………………111

【コラム】面接官の「ほかにもありますか」は怖くない………………112

第6章　その他の質問

92 尊敬している人は誰ですか。名前を漢字で教えてください。
また、尊敬する理由も教えてください………………………114

93 （二次面接で）前回の面接に点数をつけるとしたら何点ですか……115

005

94	体力づくりで何かやっていますか	116
95	お酒は飲みますか	117
96	交通違反歴はありますか	118
97	SNSはやっていますか	119
98	（社会人経験者に）前職の業務内容を教えてください	120
99	（社会人経験者に）前職で大変だったことは何ですか	121
100	（社会人経験者に）働きながら公務員を目指そうとは思わなかったのですか	122
101	（社会人経験者に）学生時代の就職活動では公務員は考えなかったのですか	123
102	（社会人経験者に）前職を短期間で辞めてしまっていますね。責任感がないのでは	124
103	（社会人経験者に）会社を辞める際、上司から何か言われましたか	125
104	最後に、何か質問はありますか	126
105	最後に、言いたいことはありますか	127
【コラム】	第一印象が合否を左右する!?	128

第7章 合格者の面接カード実例集

面接カードの概要	130
面接カード実例①	国家一般職（志望官庁：国土交通省）	132
面接カード実例②	国家専門職（国税専門官）	132
面接カード実例③	東京都Ⅰ類B	134
面接カード実例④	東京都特別区	135
面接カード実例⑤	地方上級（県庁）	136
面接カード実例⑥	地方上級（政令指定都市）	137
面接カード実例⑦	市役所	137
面接カード実例⑧	裁判所職員	139
面接カード実例⑨	警察官（県警）	141
面接カード実例⑩	消防官（東京消防庁）	142

執筆講師：岡田和也
本文デザイン・DTP：有限会社 清流書房

序章

公務員面接の きほん

面接形式と対策

公務員試験の面接形式は主に次の4つがあります。

1. 集団面接

　受験生4～8人と面接官3～5人で実施する面接です。時間は20分程度、一次面接など初期の選考で行われることが多く、主に受験生の印象を見ています。

　受験生が横並びで座るので明るさや元気の良さなどが比較されやすくなります。また、1つの質問に対して全員が順番に回答するスタイルなので、結論から端的に話した方が好印象です。他の受験生の発言に惑わされることなく、自身の考えをしっかり伝えましょう。

　オーソドックスな質問が中心ですが、受験生の機転を試すため変化球的な質問がされる場合もあります。

■配置例（さいたま市 集団面接）

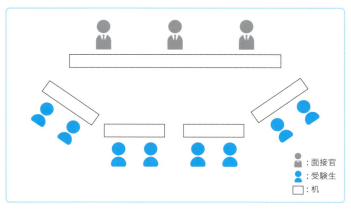

2. 個別面接

受験生 1 人に対して面接官 3〜6 人で実施する面接です。時間は 20〜40 分程度、最終面接など選考の後半に行われることが多く、主に受験生の考え方や価値観といった内面を見ています。

集団面接よりも質問の種類が多く、回答に対して深掘りされるので、自己分析・自治体研究を万全にして臨みましょう。また、面接全体の雰囲気にも緊張感があります。特に市役所の面接では、市長または副市長が面接官を務めるケースが多いので、雰囲気に飲まれないようにしましょう。

■配置例（特別区Ⅰ類 個別面接）

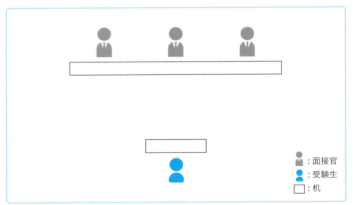

3. 集団討論 (グループワーク)

　1つのテーマに対して受験生5〜8人で討論（ワーク）を行い、その様子を面接官3〜6人で評価する形式です。

　時間は30〜60分程度、二次面接など選考の中期に行われることが多く、主にチームにおける協調性・積極性・貢献度を見ています。

　テーマが発表されるタイミングや役割分担の指定の有無、討論後発表の有無などは自治体によって異なります。そのため、受験する自治体の過去出題内容を必ず調べておきましょう。

■配置例（埼玉県 集団討論）

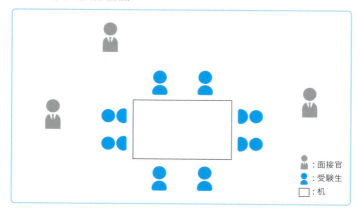

4. プレゼンテーション面接

　与えられたテーマについて、面接官3～6人の前で発表する形式です。発表の際、ホワイトボードや資料などを使う場合もあります。

　時間は3～10分程度、二次面接など選考の中期に行われることが多く、主に論理的思考力やプレゼンテーションスキルを見ています。

　発表内容はもちろん、時間配分、目線の配り方、声の大きさ、姿勢なども評価の対象です。

　自治体によって出題テーマに傾向があります。過去出題内容を調べ、よく出るテーマで模擬演習を行うとよいでしょう。

■配置例（所沢市 プレゼンテーション面接）

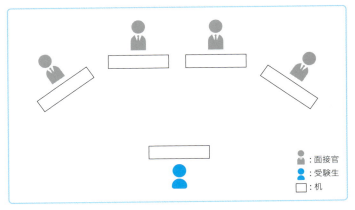

面接当日の持ち物

　面接対策が万全でも、当日忘れ物をしてしまっては台無しです。忘れ物を避けるために、持ち物の準備は前日までにすませておきましょう。

　指示があったものすべてを用意するのは当然ですが、ここでは、あると便利なもの、会場に向かうまでの時間や待機中の時間も有効活用できるアイテムをチェックリスト付きでご紹介します。

- [ ] 指定された書類（合格通知等）
- [ ] 面接会場の地図
- [ ] 身分証明書
- [ ] 印鑑
- [ ] 筆記用具
- [ ] 面接対策ノート等
- [ ] 自治体のパンフレット等
- [ ] クリアファイル
- [ ] 腕時計
- [ ] 現金（タクシー代金等）
- [ ] モバイルバッテリー
- [ ] 手鏡
- [ ] ハンカチ
- [ ] ポケットティッシュ
- [ ] 携帯用歯ブラシ
- [ ] マスク（予備）
- [ ] ストッキング（予備）
- [ ] 制汗スプレー
- [ ] 油取り紙
- [ ] コンタクトレンズ（予備）
- [ ] 頭痛薬・胃腸薬
- [ ] 眼鏡拭き

第 1 章

アイスブレイク質問

Question: 1

自己紹介をしてください

> 面接官はココを見ている！

受験生の「人となり」
これから始まる面接のいわば準備運動です。

> 30秒〜1分程度に収める

> 自分自身の経験を要約して手短に伝える

それでは簡単に自己紹介をさせていただきます。名前は大和田直樹と申します。大学では経済学部、経済学科に所属し、経済史について学んでいます。ゼミでは近代社会経済史について研究しています。サークルは山岳部に所属し、週2回活動をしています。アルバイトは焼肉店で接客業をしています。本日はよろしくお願いいたします。

> 元気よく挨拶して締める

プラスワン

自己紹介と自己PRは違います。はりきって自己PRを始めてしまわないように。公務員試験の場合、大学名は言わないのが基本です。

Question: 2

自己PRをしてください

1 アイスブレイク質問

面接官はココを見ている！

公務員に必要な資質が備わっているか
自己分析がしっかりできているか、また、それをわかりやすく伝えられるかも問われています。

【仕事で生かせる強みを述べる】

私の強みは、掲げた目標に対して最後まで諦めない「粘り強さ」です。高校時代に所属した吹奏楽部で、県大会入賞という目標を掲げました。何度も挫けそうになりましたが、仲間と助け合い、結果的に金賞をつかむことができました。この強みを生かし、仕事においても目標設定を行い、達成できるまで粘り強く取り組んでいきます。

【仕事でどう生かすかを述べる】

【最終学歴が大学の場合は大学時代のエピソードが望ましい】

プラスワン

自己紹介と同様、面接の冒頭で聞かれるので第一印象として残りやすい。正しい姿勢でハキハキと明るい声で話し、第一印象をアップさせましょう。

Question: 3
面接の控室でどんなことを考えていましたか

面接官はココを見ている！

どんな心構えで面接に臨んでいるか
緊張や不安に対し、どのように対処するのか知ろうとしています。

Good!

緊張を和らげるために、家族や友人など私の合格を応援してくれている人たちのことを考えながら、気持ちを落ち着かせていました。

- 緊張していることを正直に伝える
- 緊張を和らげるための方法を具体的に述べる

プラスワン

「うまく話ができるか不安でした」などネガティブな回答はNG。緊張している中でどのように自身に向き合っているかを伝えましょう。

Question: 4

面接のためにどのように情報収集をしましたか

1 アイスブレイク質問

> **面接官はココを見ている！**
>
> **志望度の高さが行動に表れているか**
> どのような視点で自治体研究をしたかを知ろうとしています。

Good!

まず、ホームページに掲載されている「○○市重点施策5か年計画」を、私が携わりたいと考えている分野を中心に読み込みました。また、1年分ほど、広報誌に目を通しました。そして、実際に自治体の雰囲気を肌で感じたいと思い、3回ほどまち歩きをしました。これからも引き続き情報収集をしていくつもりです。

- 具体的に読んだ部分を述べる
- まち歩きも複数回できればしたい
- 前向きさをアピール

プラスワン

できれば、3つくらいは情報収集した行動を述べたい。どの自治体もホームページに「今後の重点政策」を掲げているので、必ず目を通しておくこと。やや文章量が多いので、自分が携わりたい分野を中心に見ておくことをおすすめします。

Question: 5

○○市にはどれくらい来たことがありますか。来てみてどうでしたか

面接官はココを見ている!

自治体との接点がどれくらいあるのか

縁もゆかりもない自治体を受験する場合に聞かれやすい質問です。

具体的な回数・訪問理由を述べる

今回の面接を含めると6回目です。3回は○○市に住んでいる友人と遊ぶため、2回はまち歩きのために訪れました。歩いてみて感じたのは、子育て世帯がとても多いということです。今後、○○市を知るためにさらに訪問したいと考えています。

訪れた際の印象を伝える

意気込みで締める

プラスワン

受験自治体は面接以外で最低2回は訪れておきたい。特に基礎自治体(区市町村)を受験する場合は必須です。訪問するのが難しい場合は自治体に関する動画を見るなどしてカバーしましょう。

Question: 6

まち歩きをしましたか

面接官はココを見ている!

志望度の高さが行動に表れているか
実際に自分の足を使って現場を見に行くことで熱意をアピールできます。

> 公共施設、住宅街、各種スポットをバランスよく

はい、2回ほどまち歩きしました。1回目は○○駅の周りと○○商店街や○○公園を、2回目は○○神社や○○博物館に行きました。ホームページやパンフレットだけでなく、実際に行くことでさまざまな発見がありました。

> どんな発見があったか聞かれるので準備する

プラスワン

この質問に限らず、自身のフィールドワーク体験を回答に盛り込むと、説得力が格段にアップします。まち歩きや地域イベントへの参加は積極的に行いましょう。

1 アイスブレイク質問

Question: 7
説明会に参加してみていかがでしたか

面接官はココを見ている！ どのような点に魅力を感じ、志望しているのか
志望度の高さを把握するとともに、今後の説明会の参考にしようとしています。

> 【説明会に参加する前と後とを比較すると話しやすい】
>
> もともと〇〇市には、さまざまなことにチャレンジする積極的な自治体という印象を持っていました。実際に先輩職員の皆さんのお話を伺ってそのことを実感できました。また、第2部のパネルディスカッションでは、仕事をしているイメージがつかめて、働きたいという気持ちがさらに強まりました。
>
> 【参加した人にしか言えないことを盛り込む】
>
> 【志望度が高まったことをアピール】

プラスワン

説明会に参加していない場合は、「大変申し訳ありませんが、説明会には参加していません。そのかわりに、パンフレットや動画などを拝見しました」とカバーしてから感想などを述べます。

Question: 8

あなたの住む自治体の魅力を教えてください

面接官はココを見ている！

日頃、行政に興味関心を持っているか

公務員を目指す者として、自身の住む自治体についてどれくらい理解しているかを確認しています。

> 悪くは言わないのはもちろんだが、褒めすぎも NG

私の住む○○市は自然が多く、都心からのアクセスも良い住みやすいまちです。○○公園や○○神社などの観光名所もあります。また、子育て支援に力を入れているのも特徴です。私自身、地元での就職も考えましたが、△△市の高齢者支援政策に共感し、ぜひ携わりたいと思ったので、こちらを受験することに決めました。

> 志望理由をさりげなくアピール

プラスワン

魅力を語って終わりだと、「それだけ魅力があるなら、なぜ地元を受験しないのですか」と突っ込まれる可能性があります。上の回答例のように、先に理由を話してしまうのもありです。

Question: 9

公務員に対してどのような イメージを持っていますか

面接官はココを見ている！ 業界研究を行ったうえで志望しているか
受験生が抱いているイメージと現実とにギャップがないか知ろうとしています。

 Good!

> 本音をあえて言うことで、リアリティが増す

当初は、デスクワーク中心のお堅い仕事、というイメージを持っていました。しかし、説明会に参加して職員の方々とお話をさせていただき、多種多様な業務に関わることができる面白さや、職場内の人間関係も良く、和気藹々（わきあいあい）として気さくな方が多いと聞き、印象が大きく変わりました。

> 印象が変わったきっかけを述べる

プラスワン

このほか市役所などを訪れた際の印象を話すのもあり。実体験を話すことで内容に真実味を持たせることができるからです。
当然ながら「安定している」「残業がない」などのワードはNG。

第2章

志望理由
に関する質問

Question: 10

なぜ、国家公務員ではなく、地方公務員を志望するのですか

面接官はココを見ている! 地方と国家、それぞれの業務特性を理解しているか

地方公務員として働きたい理由（＝国家公務員ではダメな理由）を明確にさせ、志望度の高さを確認しています。

Good!

> 地域に密着したサービスの提供をしていきたいからです。国家公務員は国民全体を見ながら、広い視野を持って業務を行っていく魅力があります。ですが、私は地域住民の方々とより近い立場で、自治体の抱える問題に対して、住民目線で解決方法を考え、実行していきたいと考えているので地方公務員を志望しました。

- 答えを端的に述べる
- 国家公務員の仕事の特性について述べる
- 地方公務員ならではの仕事のやりがいを強調する

プラスワン

国家公務員の仕事を否定したり、待遇面や転勤の有無を理由に挙げたりするのはNG。自身のやりたい仕事が地方公務員でないとできない場合、そのことを回答してもよいでしょう。

Question: 11

なぜ、地方公務員ではなく、国家公務員を志望するのですか

面接官はココを見ている！ 熱意を持って働き続けてくれそうか
国家公務員と地方公務員、それぞれの業務特性を理解しているか、知ろうとしています。

> 答えを端的に述べる

国全体を見ながら、広い視点で業務をしていきたいからです。地方公務員は、地域に密着したサービスの提供をしていく魅力があります。ですが、私は国民一人ひとりが安心して暮らすことのできる社会基盤をつくることに貢献したいと考えたからです。

> 国家公務員の仕事の特性を述べる

プラスワン

国家専門職であれば、自身がやりたい仕事（＝専門性）を盛り込んで回答しましょう。国家一般職はどこの官庁に採用されるかわからないため、志望動機が抽象的になりがちです。志望する官庁と合わせて回答を考えます。

Question: 12

なぜ、民間企業ではなく公務員を志望するのですか

面接官はココを見ている！

公務員として働く志があるか

安定だけではない、公務員として働きたい理由を確認するための質問です。

> 公務員しかできない仕事を2つほど述べる

私がやりたいと考えている「防災力の向上」や「高齢者支援」は公務員でないとできないからです。もちろん、民間企業でも間接的に携わることはできると思います。しかし、これらの課題に対して根本的に解決できるのは行政の力を持つ公務員ではないかと思うからです。

> 行政の力が必要だということを強調する

> 民間企業でも関わることができる点は否定しない

プラスワン

「公務員でなくてもできるのでは」と思われそうな回答は避けたい。また、「民間企業ではなくNPO法人でもできるのでは」と突っ込まれることもあるのでNPO法人の役割について調べておくと安心です。

Question: 13

民間企業と公務員の違いは何だと思いますか

面接官はココを見ている！ 公務員の役割を理解して志望しているか
回答の仕方によって受験生の人間性をはかろうとしています。

民間企業も公務員も社会にとって必要不可欠ですが、役割が違うと思います。民間企業は利益を上げることで社会に貢献し、顧客に対する満足度を追求していく役割があります。一方、公務員は国民や住民など多くの方に対して幅広くさまざまなサービスを提供し、弱者を救済していく役割があります。

- 民間企業、公務員どちらも肯定する
- 違いを端的に述べる

プラスワン

「民間企業と公務員の違いは、利益追求をするかしないかだと思います」といった表面的な言い方や、民間企業を否定する回答はNG。最後に、「私は公務員としての役割に強いやりがいを感じ、志望しました」と付け加えてもOKです。

Question: 14

なぜ、会社を辞めてまで公務員になりたいのですか

面接官はココを見ている！

公務員になって何をやりたいのか
「安定」だけを理由に公務員を志望していないか、受験生の回答から探ろうとしています。

> 公務員でなければ実現できないことを目標にする

私が実現したい「高齢者がいきいきと暮らせるまちづくり」は公務員でなければ成し得ないからです。現職の高齢者福祉施設においても、直接的な高齢者に対する支援はできます。しかし、介護問題や認知症問題など高齢者が抱える多くの課題を根本的に解決するには、行政の力が必要だと考えたからです。

> 公務員でしか解決できない問題を述べる

プラスワン

そのように考えるきっかけとなった出来事や、「公務員になった際は、前職の経験を生かして〇〇の仕事に携わりたい」といったところまで答えられるとベストです。

Question: 15
公務員に求められる資質は何だと思いますか

面接官はココを見ている！
社会のニーズに対してどれだけアンテナを張っているか公務員として働く心構えがあるかも見定めています。

わかりやすく一言で述べる

公務員に求められる資質は、「柔軟性」だと思います。公務員の仕事は一見、同じ業務の繰り返し、単純な事務作業と思われがちです。しかし、ICT技術などが発達した今、世の中のニーズは目まぐるしく変化しています。公務員もこれに後れをとることなく、変化する環境に柔軟に対応していく必要があるからです。

社会全体という広い視点で回答している

プラスワン

ただ単に資質を述べるだけでなく、「なぜそう思うか」という理由もしっかり話しましょう。今後、公務員としてどんな姿勢で仕事に取り組むつもりかが伝わってくる回答が理想です。

Question: 16
警察官を志望した理由は何ですか

面接官はココを見ている! 困難にぶつかっても仕事を全うできそうか
憧れだけではなく、職務内容をきちんと理解し、離職せずに続けていけるか確認しています。

Good!

高校生のとき、財布を紛失してしまい交番を訪れた際、警察官の方が親身になって相談に乗ってくれたことがきっかけで、警察官の仕事に憧れを抱きました。その後、大学2年生の夏に〇〇県警の説明会に参加し、この仕事こそが、生涯やりがいを持って続けていける仕事だと確信し、警察官を志望いたしました。

- 時間軸は必ず話す
- 複数の経験を通して志望度が高まっている

プラスワン

時期があいまいだったり、志望に至る経験が弱い(1つしかない)と志望動機に疑念を持たれやすい。「きっかけになった経験」「志望に至った経験」の2つを考えておきましょう。

Question: 17

警察官に対してどのようなイメージを持っていますか

面接官はココを見ている！

間違ったイメージを持っていないか
採用後のミスマッチを防ぐための確認をしています。

Good!

> 「一番身近で頼りになる存在」というイメージがあります。以前、私の自宅近くで空き巣被害がありました。不安に思っていたところ、事件後、警察官の方が毎日近所をパトロールをしていて、その姿を見て、とても安心した経験があります。私も、同じように地域住民の方に頼りにされる警察官を目指したいです。

- 答えを端的に一言で
- 自身の経験を添える
- 前向きさをアピール

プラスワン

ネガティブなイメージでなければ何でもよいですが、自身の経験を踏まえて話せると内容がグッと良くなります。警察官採用パンフレットやホームページに多くのヒントがあるので、それを参考にして考えてみましょう。

Question: 18
警察官としてどのような仕事がしたいですか

面接官はココを見ている!

職務に理解があり、目標を持っているか
どのような職務に関心があり、また、仕事をしている姿を自分なりにイメージできているかを見ています。

> まずは地域警察が無難

地域警察として住民の安心・安全を守りたいと思います。職務にあたっては、スポーツジムでのインストラクターのアルバイトで培ったコミュニケーション力が生かせるのではないかと考えています。経験を積み、将来は交通警察で白バイ隊として違反者の取り締まりをしていきたいです。

> 適性をアピール

> あくまで経験を積んでからということを強調

プラスワン

警察官は、学校卒業後必ず地域警察（交番勤務）となります。そのため、「刑事課で働きたい」などと言うと、キャリアパスを理解していないと思われる恐れがあります。まずは現実的な話をし、「その後、経験を積んで」といった謙虚な前置きをしてから、やりたい仕事を話すのがよいでしょう。

Question: 19

ご家族は公務員になることについて何かおっしゃっていますか

> 面接官はココを見ている！

親との関係は良好か

就職についてきちんと家族と話し合っているかを確認しています。

> 両親も公務員の適性を認めている

私にピッタリの仕事だと言ってくれています。私自身、ボランティアサークルで高齢者や障がい者の方と接する機会が多く、そのときの話を両親とよくします。そこで適性があると感じるのではないでしょうか。実際に私も、公務員の仕事は自分の性格に合っていると思っています。

> 良好な関係をアピール

プラスワン

警察官や消防官など、命の危険が伴う公安系の職種でよく聞かれる質問です。親に相談せずに応募し、内定が決まってから反対をされてしまうと離職につながるためです。親の理解を得ていることをしっかりアピールしましょう。

Question: 20
併願状況を教えてください

面接官はココを見ている！

内定を出したら来てくれそうか
志望度の高さや、志望先に一貫性があるかを確認しています。

> 併願先をすべて言う必要はない。1つ2つ答えれば十分

併願状況はこちらの○○市以外に、△△市と□□市を受験しています。

もちろん、第一志望は○○市です。

> 本命であることをしっかり伝える

プラスワン

併願先の志望動機を聞かれることもあるので、考えておくこと。併願先がない場合は「リスクは承知していますが」と前置きしたうえで「どうしても○○市で働きたいので併願はしておりません」と答えましょう。

Question: 21

併願先に合格してこちらは不合格だった場合、どうしますか

面接官はココを見ている！
回答しにくい質問に対する対応力
就職に対する価値観も問われています。

> 第一志望であることを念押しする

当然、第一志望は○○市ですが、不合格になってしまった場合、大変申し訳ありませんが、合格を頂いた併願先に進むことになると思います。両親に経済的な負担をかけることができず、就職浪人できないからです。

> 就職浪人しない理由をしっかり伝える

プラスワン

第一志望をアピールするあまり、「併願先は辞退して、来年もう一度こちらを受験します」などという回答はNG。初めから辞退するつもりで受験すること自体が印象を悪くします。

Question: 22

あなたを採用するメリットは何だと思いますか

面接官はココを見ている！ 自分の強みをどのように職務で生かすつもりか
発言と態度が矛盾しないよう、堂々と答えましょう。

Good!

[強みをアピールする]

私を採用していただければ、私の「相手の気持ちに配慮した行動ができる」という強みを生かし、住民の方々に対して適切な対応ができます。同時に、職場内においても先輩や同僚と良好な人間関係を築くことができるので、チームで協力しながら課題解決に取り組むことができます。

[メリットを具体的に述べる]

プラスワン

大切なのは、自信を持って答えることです。すでに自己PRで強みを述べているのであれば、「先程もお伝えしましたが」と前置きをすれば問題ありません。

Question: 23

あなたが考える理想の職員（公務員）とは

面接官はココを見ている！

受験生が目指す公務員像
自身の将来の姿、理想の姿をどう描いているかを見ています。

> わかりやすく一言で述べる
>
> 理由を具体的に述べる
>
> 私が考える理想の職員は「チャレンジ意欲を持って行動できる人」です。今、地域を取り巻く環境は厳しさを増していて、既存の枠組にとらわれない大胆な意識変革が求められています。こうした変化の激しい時代は、新しい課題に積極的にチャレンジできる職員が理想だと思うので、私もそうなれるよう努力します。
>
> 自身の意気込みを述べる

プラスワン

「公務員に求められる資質は何だと思いますか」（P.29参照）と聞かれていることはほぼ同じです。どちらも、公務員としての自覚や使命感をアピールしましょう。

Column

「働きたい理由」と「住みたい理由」を混同しない
• • • 志望理由の考え方 • • •

「な ぜ○○市を志望するのですか」との質問に、「都心からのアクセスが良いからです」「子育て支援が充実しているからです」などと答えていませんか。残念ながらこれは「住みたい理由」であっても、「働きたい理由」とはいえません。

仮に「都市環境の魅力」に惹かれているのなら、「都心からのアクセスが良く、年々人口が増えています。今後、自治体として成長していく力強さが感じられ、私も職員として発展に貢献したいと思いました」などと答えられます。また、「政策面の魅力」に惹かれているのなら「子育て支援が充実しているのは、日々、職員の方々が住民目線を忘れず、試行錯誤を重ねた成果です。私も、このような意識の高い職員の方々と切磋琢磨したいと思いました」などが考えられます。
このように、その自治体で"働きたい理由"を明確に伝えましょう。

一般に、志望理由として挙げられるポイントには以下のものがあります。

1）地元なので愛着・なじみがある
2）政策や取り組みに惹かれた
3）首長が掲げる方針に共感した
4）自治体としての伸びしろがある
5）自治体の抱える課題を解決したい
6）都市環境の魅力を発信したい
7）説明会・インターンシップ・イベント参加時の印象
8）まち歩きの印象
9）研修制度、人材育成制度が充実している

縁もゆかりもない自治体を受験する場合でも、これらをヒントに説得力のある志望理由を考えましょう。

第 **3** 章

政策・行政課題
に関する質問

Question: 24
○○市の課題があれば教えてください

面接官はココを見ている!
受験する自治体についてどれだけ理解しているか、どのような問題意識を持って仕事をしていくつもりか知ろうとしています。

Good!

課題を端的に述べる

○○市の課題は、**地域コミュニティの希薄化**だと思います。自治会や商店会などの地域コミュニティがある中で、**新たに転入してきたマンション居住者など地域に愛着を持たない住民が増えたことで、地域コミュニティの希薄化が進んでいる**のが問題だと感じています。

具体例を述べる

プラスワン

課題を言うだけではなく、なぜそうなっているか背景も合わせて述べます。また「課題解決策」も聞かれる可能性が高いので、自分なりの答えを用意しておきましょう。

Question: 25
住民満足度を向上させるにはどうすべきだと考えますか

面接官はココを見ている！

役所の将来を背負う気概を持っているか
住民のニーズをしっかりくみ取って柔軟に対応できるか受験生の適性を見ようとしています。

住民の行政ニーズを把握することが肝心　**ニーズのくみ取り方のアイディアを述べる**

まずは、住民のニーズを正確にくみ取る仕組みが必要だと考えます。市のホームページのわかりやすい場所に意見箱を置いたり、行政サービスに対して住民から評価や意見をもらえるアンケートを行ったりするなどです。そして、くみ取ったニーズをどれだけ実現できたかを数値化して振り返り、住民満足度を上げていければと思います。

実現させる前向きさをアピール

プラスワン

特別区では区政に対する区民の意見、要望、提案等を収集して政策経営に反映させる「アンケートモニター制度」があります。こういった取り組みはさまざまな自治体で行われているので、受験自治体のホームページをチェックしましょう。

Question: 26
待機児童を減らすにはどうすべきだと考えますか

面接官はココを見ている！ 待機児童問題の社会的背景を理解しているか
ハード面だけでなく、ソフト面でもどのように解決すべきか、受験生の考えを知ろうとしています。

Good!

> ハード面・ソフト面それぞれの対策を意識

保育施設を整備したり拡充したりすることに加え、保育士人材の確保をさらに強化していくべきだと考えます。潜在保育士は全国に約◯万人いるとニュースや新聞で報道されていました。こういった潜在保育士に活躍してもらえるよう、再就職相談会を定期的に開くことも効果的だと思います。

> 現状を絡めて話すことで説得力が増す

プラスワン

「保育施設・保育士を増やす」だけでは回答としては不十分です。そうするためにはどのような対策を具体的にしていくべきかまで、しっかりと回答できるようにしましょう。当然ですが、非現実的な対策は言うべきではありません。

Question: 27

子どもの貧困問題を解決するにはどうすべきだと考えますか

面接官はココを見ている!

貧困が生じる背景を理解しているか
「親」と「子ども」それぞれの対策をどうすべきか、受験生の考えを知ろうとしています。

> それぞれを意識して対策をする必要がある

ひとり親家庭に対する就労支援や、子どもに対する学習支援をさらに強化すべきだと考えます。具体的には、ひとり親の就労支援・相談事業や学校をプラットフォームにした学習環境の整備と居場所づくりなどです。そして、これらを長期的かつ継続的にしていくことも重要だと思います。

> 学習支援の具体的な対策を述べる

> 長期的に取り組む必要性を強調

プラスワン

子どもの貧困問題解決のために、上記以外にもさまざまな取り組みが行われています。地域のボランティアが主体となり、子どもや親などを対象に無料で食事を提供する「子ども食堂」や、貧困の早期発見・支援のための実態調査などが挙げられます。

Question: 28
児童虐待を防ぐにはどうすべきだと考えますか

面接官はココを見ている!

児童虐待の背景や課題を理解しているか
予防・早期発見のためどのような支援をすべきか、受験生の考えを知ろうとしています。

 Good!

> 児童相談所や社会福祉法人、NPO法人などと連携し、虐待を受けている子どもを早期に見つけ、子どもを保護する支援をさらに強化していくべきだと思います。具体的には、親が子育てに関する悩みを抱え込まないよう、地域で子育てを支え合う仕組みづくりや、自治体の相談体制の強化、一時保護施設の拡充などです。

- 各方面と連携して取り組むことを強調
- 複数の対策を同時に進めることが重要

プラスワン

特別区や政令指定都市で頻出の質問です。小論文のテーマとしても出題されることが多いので、受験自治体の状況をホームページなどで調べておきましょう。また、直近の虐待件数なども厚生労働省のホームページで確認しましょう。

Question: 29

いじめ問題についてどうすべきだと考えますか

面接官はココを見ている！

教育現場の課題にどのように向き合うか

いじめ防止やいじめ問題解決のため、学校や地域でどう取り組むべきか意見を聞きたいと思っています。

3 政策・行政課題に関する質問

GOOD!

> いじめ問題解決には、【課題を端的に述べる】外部の目を増やすことが重要だと考えます。そのため、教育オンブズマン制度の導入や、外部カウンセラーの充実、保護者が校内を見学できる環境づくりが必要です。また、地域住民対象のいじめ防止に関するイベントを開くなど、地域でいじめを良しとしない風紀をつくることで、未然に防ぐことができると考えます。

【解決のための施策を述べる】

プラスワン

「いじめは絶対に許されません」など感情論に走らないように。また、SNS等での誹謗中傷の書き込みや、ネットによるいじめについても聞かれる可能性があります。

Question: 30
廃プラスチック問題について どうすべきだと考えますか

> **面接官はココを見ている!**
>
> ### 循環型社会についての意識
> ごみの減量化に向けて、住民や事業者にどう働きかけるか、受験生の考えを聞きたいと思っています。

 GOOD!

時事的な要素を入れ込む

レジ袋が有料化されて環境問題への意識が高まっています。ですので、行政もこのタイミングで使い捨てプラスチックの使用削減を進めていくべきだと思います。例えば、マイバッグを持参した人にポイントを付与して、一定数以上集めたら〇〇市指定のごみ袋と交換できる仕組みがあると、協力してくれる市民が増えるのではと考えます。

自身の課題に対するアイディアを述べる

プラスワン

環境問題に絡めた質問は頻出。主だった課題と解決のためのアイディアを調べておきましょう。

Question: 31

食品ロスを減らすにはどうすべきだと考えますか

面接官はココを見ている！

日頃から環境問題を意識しているか
一人ひとりの意識をどのように変えるべきか、受験生のアイディアを聞きたいと思っています。

> 意識づけが何より重要

住民や飲食店などに対して、啓発運動をさらに進めていくべきだと考えます。具体的には、住民向けに、食品ロスを減らす具体的な方法を学べる講習会を開催したり、調理の工夫を SNS などで動画配信したり、食べ残しを出さない工夫をしている飲食店を表彰する制度を設けたりする、などです。

> 住民・事業者それぞれにできることがある

プラスワン

このほか、「廃プラスチックごみ問題についてどうすべきか」など、環境問題に関する質問があります（P.46 参照）。こういった質問は、「日常生活であなたが意識していることはありますか」と聞かれることが多いので準備しておきましょう。

3　政策・行政課題に関する質問

Question: 32

放置自転車をなくすにはどうすべきだと考えますか

面接官はココを見ている！ 放置自転車による悪影響を理解しているか
住民のモラルを高めるために何ができるか、受験生の考えを知ろうとしています。

自転車駐輪場の整備、自転車利用のモラル向上のため広報活動をさらに強化していく必要があると考えます。具体的には、各事業所と連携して駐輪場を整備したり、看板や路面標示や駅前における呼びかけキャンペーンなどの啓発活動をしたりすることです。

- 一般的に考えられる対策でもOK
- 予算がかかることは「連携」でカバー
- モラル向上に啓発活動は欠かせない

プラスワン

放置自転車は、歩行者の通行の妨げになるだけでなく、緊急車両が通れなかったり景観を損ねたりするなど、さまざまな社会問題につながります。そういった点も頭に入れておきましょう。

Question: 33

災害対策についてどのように取り組んでいくべきだと考えますか

面接官はココを見ている!

行政が果たすべき役割を理解しているか
安全で安心なまちづくりをどのように進めていくべきか、受験生の考えを知ろうとしています。

> 防災でまず大事なのは「防災意識の向上」

住民に対して、さらなる防災意識の向上を図るべきだと考えます。そのためには、災害の種類に応じたハザードマップや防災マニュアルを作成し配布するとともに、SNSや防災アプリなどでの発信を定期的に行っていくべきだと思います。また、自主防災組織への参加意識を高めるためにも、企業や学校などと連携して防災教育を実施していくことも有効だと思います。

> 「連携」がキーワード

プラスワン

災害対策には「ハード面の対策」と「ソフト面の対策」があります。ここではソフト面について回答しましたが、建物の耐震強度を上げることや、防波堤の整備、電力確保のための発電機の購入など、ハード面についてもチェックしておきましょう。

Question: 34
空き家問題についてどうすべきだと考えますか

面接官はココを見ている！
自治体が抱える課題にどのように向き合うか
課題解決にどのような考えを持っているか聞きたいと思っています。

 Good!

空き家問題については、【今すぐやるべき対策】空き家所有者に対して適正な管理を求めることが重要だと考えます。それと同時に、空き家の有効活用法を探ることが問題解決につながると思います。具体的には「空き家バンク」を活用したり、最近人気が高まっているシェアハウスに空き家を活用したりするなどが考えられます。【空き家を増やさないための中長期的対策】

プラスワン

条例に違反した人を罰するだけでなく、そもそも空き家を増やさないために行政ができることはないかを考えてみましょう。そうした複数の視点を持つことで、ほかの受験生と差がつけられます。

Question: 35

公共施設の老朽化問題について どうすべきだと考えますか

面接官はココを見ている！

施設老朽化の現状を理解しているか

防災性の向上や安全・快適なまちづくりをするためにどうすべきか、受験生の考えを知ろうとしています。

> 莫大な予算がかかることを理解している

財源に限界があるので、非常に難しい問題です。まず、人口動態や社会情勢、社会ニーズの変化などを調査し、公共施設の規模が最適かを検証します。場合によっては、統廃合に取り組むべきだと思います。また、必要な建物は耐震化を含めた長寿命化を図るべきだと考えます。

> しっかり調査し優先順位をつけて対策を講じる

プラスワン

回答が理想論にならないように気を付けます。あくまで、財源に限界があることを念頭に置いて回答しましょう。また、関連問題として「空き家問題」について聞かれる場合があります（P.50参照）。

Question: 36

多文化共生社会を推進していくには どうすべきだと考えますか

面接官はココを見ている!

外国人との共生社会を築くための課題を理解しているか
労働環境の整備と生活面の支援をどうするべきか、受験生の考えを知ろうとしています。

Good!

> 「多言語化」は多文化共生において必須

外国人住民が地域で安心して生活し、働くことができる環境整備や、地域社会への参画促進をさらに強化していくべきだと考えます。具体的には医療や防災などの情報が書かれた多言語版のガイドを配布したり、情報のユニバーサルデザイン化を進めたりするなどです。また、地域のイベントや交流事業を増やせば、相互理解がより進むと思います。

> 国際交流や異文化理解の機会を増やすことも有効

プラスワン

観光地が多い自治体では「災害時、外国人観光客にどのように避難を呼びかけますか」と聞かれる可能性があります。その場合、「英語が母国語でない人にもわかる単語で呼びかける」「やさしい日本語を使う」「視覚化された防災情報を準備しておく」などが考えられます。

Question: 37

スポーツ振興推進のために何をすべきだと考えますか

面接官はココを見ている！

スポーツの持つ力や役割を理解しているか

スポーツの重要性をどうすれば住民に理解してもらえるか、受験生の考えを知ろうとしています。

Good!

> 自治体主導でスポーツイベントを開催したり、スポーツ活動への支援をより強化したりする必要があると考えます。たとえば、スポーツツーリズムは地域経済の活性化にもつながります。また、世代や身体機能に適したスポーツ機会を提供することも、スポーツ振興に欠かせないと思います。

- スポーツに触れる機会を増やす
- 高齢者や障がい者などさまざまな立場の人を考慮する

プラスワン

上記以外にも、「学校教育でスポーツの楽しさを伝える」「その自治体が発祥のスポーツを生かしたイベントを開催する」などが考えられます。スポーツ振興は子ども、働く世代、高齢者、障がい者などあらゆる人が対象です。その点を意識して回答できるとよいでしょう。

Question: 38

熱中症予防対策について どうすべきだと考えますか

面接官はココを見ている! 保健・健康系のテーマも把握しているか
熱中症への注意喚起をどのように行うべきか受験生の考えを知ろうとしています。

Good!

熱中症予防について、広報誌やホームページに掲載したりリーフレットを配ったりするなど啓発活動を積極的に行う必要があると思います。また、保健師が児童館や高齢者施設、自治会に出向いて、熱中症に関する講座を開くなど普及活動も効果があると考えます。

> すでに実施されている場合は「さらに頻度を上げて」などと付け加えるとよい

プラスワン

理想論ではなく、なるべく具体的で実現可能性の高いアイディアを述べます。また、近年話題になっている課題に対して受験自治体がどのような取り組みをしているか調べておきましょう。

Question: 39

路上喫煙をなくすには どうすべきだと考えますか

面接官はココを見ている！ モラル向上のためのアイディアを持っているか
より効果的な啓発活動をするには、どうすべきか受験生の考えを知ろうとしています。

Good!

喫煙者に対して、条例の周知や啓発活動をさらに強化していくべきだと考えます。具体的には、ポスターやステッカーなど啓発グッズの配布やバスなどの交通機関において、「路上喫煙をやめよう」といった放送を流すなどです。同時に、路上喫煙が多いエリアに監視員が巡回するのも効果的だと思います。

> 既存の取り組みには「さらに」をつけて強調

> できるだけイメージしやすい対策を述べる

プラスワン

このほか「ポイ捨てをなくすには」「放置自転車をなくすには」（P.48参照）といった、住民のモラル向上に関する質問が頻出です。受験する自治体での取り組みを確認するとともに、他の自治体や諸外国で行われているアイディアを調べておくと役立ちます。

Question: 40
高齢者の孤立を防ぐにはどうすべきだと考えますか

面接官はココを見ている！
高齢者を取り巻く課題について理解しているか
孤立する高齢者にどのように支援すべきか、受験生の考えを知ろうとしています。

Good!

> 解決の基本は地域力

地域の見守りをより一層強化していくべきだと考えます。近所の人同士が挨拶や声かけできる地域づくりや、行政が率先して見守りや安否確認のシステムを構築したり住民が集まれるイベントを開いたりするのも効果的だと思います。

> ハード面・ソフト面をバランスよく意識する

プラスワン

このほか「高齢者の雇用を確保するにはどうするべきか」など高齢者に関する質問がよく聞かれます。その場合、「シルバー人材センター」などでの就労に関する相談・職業紹介や、就労面における活躍の場を広げるための「リカレント教育の整備」について話すとよいでしょう。

Question: 41

自殺者数を減らすには どうすべきだと考えますか

面接官はココを見ている！ デリケートで難しい課題に対して理解しているか
自殺を未然に防ぐためにどのような支援をすべきか、受験生の考えを知ろうとしています。

Good!

> 行政も手助けをする必要性がある
>
> どうすれば相談しやすくなるかを述べる

自殺を個人的な問題ではなく、社会的な問題として取り組むべきだと考えます。まず、相談窓口を増やしつつ、SNSなど気軽に相談できる場を増やすことが必要だと思います。また、SOSを出せない人もいると思うので、深刻な悩みを抱えている人に気づき、適切に関わることのできる「ゲートキーパー」を増員することで自殺者の減少につながると考えます。

> 相談窓口を利用できない人の対策も考えている

プラスワン

自殺者を減少させるため、上記以外にもさまざまな取り組みが行われています。スマホでできるメンタルチェック、産後うつ早期発見のための定期健診、1歳の誕生日などのタイミングで受けられる保健師による心の健康相談、などが挙げられます。

Question: 42
防犯対策についてどうすべきだと考えますか

面接官はココを見ている！

防犯対策の基本的な手法を理解しているか
安心・安全なまちづくりをするためにどうすべきか、受験生の考えを知ろうとしています。

> 【地域との協力関係を意識】
>
> 防犯パトロールの強化、防犯設備を意識したまちづくり、住民の意識改革などをさらに強化していく必要があると考えます。具体的には、ボランティア団体によるパトロール活動、防犯カメラの設置を進めるための助成金制度、また、専門家と住民が一緒にまちを歩いて、どのようなところに防犯上の問題があるかを確認するイベントなども効果的だと思います。
>
> 【多角的な対策が求められる】

プラスワン

防犯対策として「パトロールの強化」だけでは不十分。防犯カメラの設置、死角になりやすいブロック塀の解消、地域内の空き家マップ作成など「防犯性の高い環境整備をどう進めるか」まで踏み込んで回答しましょう。

Question: 43

自治会加入率を上げるには どうすべきだと考えますか

面接官はココを見ている！

自治会の持つ機能や役割を理解しているか

自治会加入の必要性をどのように理解してもらえるか、受験生の考えを知ろうとしています。

Good!

> 活動内容や加入するメリットを住民にしっかり伝える必要があると考えます。たとえば、地域の不動産会社に協力をお願いし、新たに引っ越してきた人に自治会加入のメリットを伝えるチラシを配布したり、平日は仕事で参加できない住民にも配慮した運営スタイルに変えていくなどの工夫も有効だと思います。

- 住民の理解を得ることが大事
- 転入者や外国人の加入がポイント

プラスワン

自治会には行政の手が届かないところを補完する役割があります。近年は生活スタイルの多様化などから、自治会の加入率が減少しています。しかし防犯面や「いざ」というときには自治会が力を発揮します。そういったメリットを頭に入れておきましょう。

3 政策・行政課題に関する質問

Question: 44

行政の効率化を進めていくにはどうすべきだと考えますか

面接官はココを見ている！
行政効率化の実現に向けてどのような考えを持っているか質の高いサービスを提供しよう、という当事者意識を持って仕事に臨んでくれそうか見ています。

Good!

民間企業との協働（協働とは、同じ目的のために対等の立場で協力して働くこと）や行政手続きのデジタル化、自治体同士の連携を進めていく必要があると考えます。具体的には、窓口業務や施設管理、保育園の運営業務などを民間に委託したり、行政手続きのオンライン整備、他の自治体と行政機関を共同設置したりすれば効率化が進むのではないかと思います。

「デジタル化」は効率化に欠かせない

プラスワン

このほか、「AIで業務効率化ができると思うか」などの行政効率化に関する質問があります。この場合「人為的なミスが減る」「問い合わせに24時間対応できる」「捻出した時間で人間がより生産的な仕事に従事できる」などが意見として考えられます。

Question: 45

政策に反対する住民がいた場合、どのように対応しますか

面接官はココを見ている！ 周りの意見に耳を傾け全体の利益を考えていけるか
住民の意見や考えに寄り添いながら、行政の職員としてバランスよく対応できるかを見ています。

3 政策・行政課題に関する質問

Good!

まずは<u>反対派の方の話に真摯に耳を傾けます</u>。そのうえで、なぜ、自治体としてこの政策が必要なのか、その方の立場や年齢などに合わせて、わかりやすく説明します。それでもご納得いただけないようであれば、上司や他の担当部署に相談しながら、少しでも反対派の方の意見も踏まえた解決策を検討します。

- 反対派や少数派の意見も傾聴する
- 説得の仕方には自分なりの考えを
- 周囲と協力し、解決する姿勢が求められる

プラスワン

「真摯・誠実」がキーワード。全員が賛成する政策などありません。反対派の人にできるだけ納得してもらえるよう説明する努力が大事です。さらに、決まった政策に反対派の意見をわずかでも取り入れたり折衷案を考えたりできればなおよいでしょう。

Column

説得力のあるアピールをするには
・・・自治体研究のすすめ・・・

接官の心をつかむには、「説得力」が重要です。自治体の状況をしっかり理解して話すのと、何も知らずに話すのでは、説得力が大きく違ってきます。特に、「やりたい仕事」について話す際、この点が顕著に表れます。

たとえば、「災害対策に携わりたい」と話す場合
1) 自治体でどのような防災政策が行われているか
2) 自治体が抱える防災上の課題は何か
3) 2) の課題に対して具体的にどうすべきか

を交えて話すと説得力が格段にアップします。そのためには「自治体研究」が欠かせません。

自治体研究の手段として以下のものがあります。
・説明会／セミナー
・自治体が配布しているパンフレットや広報誌
・ホームページの施政方針ページ
・自治体の SNS（Twitter・YouTube 等）
・自治体の議員のホームページ
・まち歩き、自治体イベント
・政府統計の総合窓口（e-Stat）
・自治体通信 ONLINE
・庁舎・自治体の施設見学（子育て支援センター、防災センター等）
・自治体にあるマンションの販売ホームページ

中でも、パンフレットや広報誌は、自治体の予算や財政状況などが掲載される 1 月号がおすすめです。どの分野にどれだけの予算を使うかを知ることで、自治体の状況が数字でつかめます。

また、マンションの販売ホームページは、不動産業者が自治体の魅力をわかりやすくコンパクトにまとめていて参考になります。

情報収集には手間も時間もかかりますが、やればやるだけ面接で使えるネタが増えます。もちろん、知識だけをひけらかすのではなく、そこに自分の考えもしっかり組み込んで話すように心がけましょう。

第4章

自分自身の考え方や行動 に関する質問

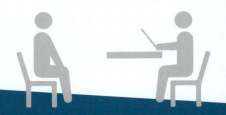

Question: 46
休日はどのように過ごしていますか

面接官はココを見ている！

オンとオフの切り替えができるタイプか
ストレスをため込まない手段があるかも確認しています。

> 健康的な印象を与えている

休日は、友人とフットサルをすることが多いです。とにかく体を動かすことが好きなので、休日をフル活用して運動するようにしています。また、自宅のお風呂でゆっくり湯船に浸かり、汗を流すことでリフレッシュしています。

> ストレス発散できていることをアピール

プラスワン

アウトドア派・インドア派どちらが正解ということはありません。ただし、「家でゴロゴロしている」「夜遅くまでお酒を飲んでいる」など不健康な印象を与えかねない回答は避けましょう。

Question: 47

自己啓発に何か取り組んでいますか

面接官はココを見ている！

受験生の行動意欲
「自己啓発」という言葉の意味を理解しているかも見ています。

> 社会人になることを意識している

公務員試験勉強の合間に、ビジネスマナーに関する本を読んでいます。今後は時間術などの本を読むことで、仕事に生かしていきたいと考えています。

> 今後も成長していきたいという意気込みをアピール

プラスワン

自己啓発とは「心と能力の成長」に関することを指します。「ダイエット」や「筋トレ」など実用性の高すぎるものは自己啓発とみなされない恐れがあります。

Question: 48
どんなときに ストレスを感じますか

面接官はココを見ている！

ストレス耐性の強さ
ストレスの感じ方によって、仕事への適性を確認しています。

Good!

基本的にストレスを感じることは少ないのですが、強いて言うなら、私のせいで周りの人に迷惑をかけてしまったときにストレスを感じることがあります。ですが、趣味のスポーツをすることで早めに解消するようにしています。

- ストレス耐性があることをアピール
- 具体的なエピソードを話す
- ストレスを乗り越える手段もしっかり持っている

プラスワン

ストレスを感じるポイントが、公務員の日常業務でたびたび起こりうることだと、採用側も不安に感じます。また、「ストレスは感じない」という場合は理由も添えましょう。

Question: 49
ストレス解消法を教えてください

面接官はココを見ている! ストレスをコントロールできるか
解消法を通して、受験生の「人となり」を知ろうとしています。

 Good!

友人と一緒にカラオケに行き、【1人が好きな印象を持たれないようにする】好きな曲を大きな声で歌うことでストレスを解消しています。またリフレッシュを兼ねて、朝早くに近くの公園まで散歩に行くのも好きです。【気軽にできることを述べる】

プラスワン

「ゲーム」など娯楽性の高いストレス解消法は避けた方が無難です。また、「飲み会」→「食事」など、言い方1つで印象も変わります。

4 自分自身の考え方や行動に関する質問

Question: 50

最近、うれしかったことはありますか

面接官はココを見ている！

受験生の性格や価値観

家族や友人にまつわる身近なエピソードを拾うと効果的です。

Good!

> 友人思いをさりげなくアピール

最近、うれしかったことは、友人が希望の就職先に内定をもらったことです。電話で連絡をもらったときは、自分のことのようにうれしい気持ちになったと同時に、勇気をもらうことができました。私も友人同様、うれしい報告ができればと思っています。

> 志望の意思もさりげなくアピール

プラスワン

ほかにも、自身の成長につながったことをエピソードとして話すのもあり。その場合、そこに至る過程や工夫したことなども話すとエピソードがいきいきします。

Question: 51

最近、腹が立ったことはありますか

面接官はココを見ている！

感情の起伏をコントロールできるか

自身のふがいなさをネタにして話すとよいでしょう。

> 場面がイメージできるよう簡潔に話す

はい、あります。先日、久しぶりに友人とテニスをしたのですが、運動不足のせいで思い通りに体が動かず、自分の体力の衰えっぷりに腹が立ちました。今は自宅で筋トレをして体力をつけています。

> 改善に取り組んでいることをアピール

プラスワン

「友人とけんかをしたこと」「政治家の汚職事件」などネガティブな話題はあまり良くありません。できれば場が少し和むようなエピソードを話しましょう。

Question: 52

あなたはリーダータイプですか、それともサポートタイプですか

面接官はココを見ている!

集団の中での役割を自覚しているか
組織におけるチームワーク力や、面接の受け答え内容との整合性を見ています。

 Good!

根拠を添える

強いて言えば、サポートタイプだと思います。大学のゼミやサークルでは調整役を担うことが多かったからです。ただ、高校時代の部活では部長としてリーダー経験もありますので、どちらの役割も担うことができると考えます。

他の役割も担えることをアピール

プラスワン

都道府県や国家ではリーダータイプ、市区町村ではサポートタイプが求められる傾向があります。もちろん、根拠となるエピソードありきですが、「求められればどちらの役割も担えます」とアピールできるとなおよい。

Question: 53
あなたの長所と短所を教えてください

面接官はココを見ている！

どんな特徴を持った人物か
自分自身を客観的に分析し、わかりやすく伝えることができるかを見ています。

> 見方によっては長所ともとれる内容にする

私の長所は「相手の気持ちをくんで行動できる点」です。カフェのアルバイトでは、お客様の気持ちを先読みし、行動することで「気遣いがうれしい」とお褒めの言葉を何度も頂きました。一方、短所は「相手の意見を尊重しすぎてしまう点」です。自分の意見を引っ込めて相手に合わせてしまうことがあり、社会人になってこれでは困ると危機感を持っています。最近では、「自分の意見を言えない人は責任を負うことから逃げている」と考え、自分が正しいと思うことはハッキリ述べるよう心がけています。

> 改善するために努力していることをアピール

プラスワン

短所を話すときは、「〜しすぎる点」など短所を和らげる言い回しがおすすめ。また、長所と短所が矛盾していると自己分析ができていないと判断される恐れがあるので注意しましょう。

4 自分自身の考え方や行動に関する質問

Question: 54

座右の銘は何ですか

面接官はココを見ている！

受験生の行動基準や価値観
座右の銘から仕事に対する考え方（スタンス）も見えてきます。

Good!

難しい言葉でなくてもOK

私の座右の銘は、「初心忘るべからず」です。何事においても、始めた頃の謙虚な気持ちや真面目さは忘れないようにしよう、と心に決めています。公務員として働くうえでも、このことを念頭に置いて住民の皆様のために貢献していきます。

今後も座右の銘を意識し続けることをアピール

プラスワン

単に自分が好きな言葉ではなく、仕事と関連づけられる言葉がよいでしょう。また「なぜ、その言葉を座右の銘にしようと思ったのか」と聞かれる可能性も高いので、その言葉と出会ったきっかけやエピソードを整理しておきましょう。

Question: 55

今までに挫折の経験はありますか

面接官はココを見ている！
挫折への向き合い方と克服方法
何を「挫折」ととらえているかや、メンタルの強さを確認したいと思っています。

> いつ、どういった経験なのか端的に

大学時代のアルバイトでの新人教育です。レストランで新人スタッフの教育係をしているのですが、係になってすぐの頃、新人に早く仕事を覚えてもらおうと厳しく指導してしまい、1か月で離職させてしまった経験があります。それからは、相手の自主性を尊重し、仕事の面白さを伝えないとダメだと意識するようになりました。その後は早期離職させることなく3人の新人を一人前に育てました。

> 挫折を乗り越えて成長したことをアピール

> 失敗だけではなく、教訓も

プラスワン

単なる苦労自慢にならないように。挫折や失敗をどう乗り越えたか、そこから何を学んだかが重要です。また、あまりに程度の低い挫折経験や古すぎるエピソードは避けましょう。

Question: 56

あなたのどのようなところが公務員に向いていると思いますか

面接官はココを見ている!

公務員として求められる人物像を把握できているか
自身にどんな強みがあり、それをどう仕事に生かそうと考えているのかを見ています。

Good!

傾聴力があるところが公務員に向いていると思います。塾講師のアルバイトでは、担当している受験生の気持ちに寄り添いながら指導し、志望校合格に導きました。公務員の仕事においても、住民の方の声や他の職員の意見に耳を傾け、本音や真意を引き出すことができると考えています。

- 長くならず、短めに
- 根拠となる過去の経験を添える
- 仕事における生かし方は必要

プラスワン

このほかにも、「主体性」「計画性」「実行力」「柔軟性」などが考えられます。必ずエピソードを添えて話しましょう。この質問に回答するには、公務員とは何か、公務員に向いている人とは、など、公務員のことを全般的に知っておく必要があります。

Question: 57

学生と社会人の違いは何だと思いますか

面接官はココを見ている！

社会人になる自覚を持っているか
社会人と学生、それぞれの立場の違いを理解しているか確認しています。

社会人と学生の違いを端的に述べる

責任の大きさの違いだと考えます。学生のアルバイトの場合、最終的な責任は自分以外のところにありますが、社会人の場合、自分一人で責任を取ることも多いと思います。特に公務員は住民の方々の税金で仕事をしているため、より強い責任感を持つ必要があります。私は常にそのことを念頭に置きながら業務をしていきます。

公務員の仕事の大変な面の理解

それぞれの具体例を述べる

プラスワン

ただ単に学生と社会人の違いを答えるだけでなく、仕事との向き合い方まで伝えられると面接官の納得感が増します。ほかにも、「人間関係」「時間の使い方」などの回答も考えられます。

Question: 58

今の公務員に足りないものは何だと思いますか

面接官はココを見ている！ 公務員としての立場や課題を認識しているか
職務を果たそうという責任感や忍耐力があるかを見ています。

GOOD!

> わかりやすく一言で述べる

私が思う、公務員に足りないものは「スピード感」です。公務員の仕事は正確性が大事なので、どうしても時間を要します。一方で、住民の方々は少しでも早くサービスを受けたいと思っておられます。ですので正確性は失わずになるべく早めに対応できるよう、スピード感を持って仕事をしていく必要があると考えます。

> 仕事の特性上、仕方がないことも理解している

プラスワン

現状を批判することになりますが、できるだけ建設的な回答をするのがポイントになります。足りないことを言うだけでなく、なぜそう思ったか理由もしっかり伝えましょう。

Question: 59

公務員の不祥事について どう思いますか

面接官はココを見ている！

倫理観を持って業務を遂行できるか
公務員として、不祥事の重大さをどれだけ理解しているかを見ています。

> 住民との信頼関係を築くことの重要性を理解している

１人の公務員がとった行動が、行政全体に対する信頼を損ないかねません。そのため、私は自分の行動が公務の信用に影響することを常に意識しながら、公務員としての倫理観をしっかり持って業務にあたります。

> 倫理意識の高さをアピール

プラスワン

「悪いことだと思います」だけでは回答としては不十分。不祥事の深刻さを認識していることを示しましょう。また、「公務員としての倫理観」について突っ込まれやすいので、言葉の意味をしっかり理解しておくこと。

Question: 60

昇進（出世）したいですか

面接官はココを見ている！ 受験生が上昇志向であるかどうか
入庁することだけを目的にしていないか確認しています。

はい、昇進したいと考えています。

役職が上がることで、当然、責任も重くなりますが、大きな裁量を持って業務に携わることができるからです。

> 厳しい面があることも理解している

> 待遇面でなく、あくまで業務でのやりがいを述べている

プラスワン

「昇進したくない」と言うべきではありません。また、公務員は自然と役職が上がるのではなく、自身の希望で昇任試験を受けるものだということも頭に入れておいてください。まれに、「どこまで昇進したいか」と具体的に聞かれることもあるので準備しておきましょう。

Question: 61
希望しない部署に配属されても問題ありませんか

面接官はココを見ている！ 物事に柔軟に対応できそうか
どの部署でも前向きに仕事に取り組めるかを見ています。

はい、問題ありません。組織に属する以上、希望しない部署に配属される可能性があることは理解しています。そういったときでも自身の成長の糧になると考え、住民の皆様のために全力で貢献します。

- 理解していることを述べる
- ネガティブではなく、あくまで前向きに

プラスワン

この質問がされるということは、「特定の分野の仕事にしか興味がないのでは」と思われている可能性があります。どの部署に配属されても前向きに取り組めることをしっかり伝えましょう。

Question: 62

あなたにとって、働きやすい職場とはどんな職場ですか

面接官はココを見ている！ 受験先の職場環境とのマッチング
求める職場環境を聞くことで、受験生の価値観を知ろうとしています。

Good!

> イメージのしやすさを意識

私にとって働きやすい職場は、職員同士何でも相談し合える、コミュニケーションが活発な職場です。公務員はチームワークが求められる仕事が多いと思います。その際、職場内の人間関係ができていれば、より大きな力を発揮することができると考えるからです。

> 根拠は具体的に

プラスワン

「福利厚生が整っている職場」といった、待遇面についての回答や、「みんなの仲が良い職場」といった学生感覚の回答は避けるべきです。職場環境の良さが住民サービスの充実につながることを意識した回答を心がけましょう。

Question: 63

周りがやる気のない人ばかりだったとしたらどうしますか

面接官はココを見ている！ 困難な状況に置かれたらどう対処するか
その場の状況を少しでも変えていこう、という気概があるかを見ています。

> 解決のために自身でどのような行動をするか

やる気がない人には、私自身が頑張っている姿を見せて影響を与えられればと思います。また、人は任せられると自信につながり、やる気になることがあるので、仕事を割り振るのも効果的だと思います。とはいえ、なかなかすぐに意識を変えることは難しいので、粘り強く、状況を変えていきます。

> 一朝一夕には変えられないことも理解している

プラスワン

部下、上司、同僚など、立場によって回答内容が多少変わってきます。いずれにせよ、解決法だけ述べると「それで改善できるのか」と突っ込まれる可能性があるので「継続的に行っていく」ということを強調するとよいでしょう。

Question: 64

約束があるのに残業を命じられたらどうしますか

面接官はココを見ている！

嫌なことに対してどう向き合うか
仕事に対する熱意や使命感を見ています。

Good!

> 残業するほどの合理性があるかどうかしっかり判断している

基本的に残業を優先します。特に、私にしかできないこと、または、緊急性が高い業務の場合は最優先します。そして約束の相手にはしっかりと事情を伝え、次回の約束を取り付けるなど迷惑をかけないように配慮します。

> 約束の相手にも配慮できている

プラスワン

類似の質問で「公務員は残業が多いが大丈夫ですか」「休日出勤できますか」などがあります。これらの質問は基本的に「できます」という回答になりますが、ある程度条件を付けて答えると回答に真実味を与えることができます。

Question: 65

警察学校の訓練は厳しいですが、ついていけそうですか

面接官はココを見ている!

体力に自信があるか。また、その根拠

厳しい訓練に耐えられると思う、過去の経験を知ろうとしています。

> まずは、自信を持って即答

はい、ついていけます。もちろん、学校での訓練は私が今まで経験したことがない厳しいものかもしれません。しかし、高校時代3年間野球部での厳しい練習に耐え抜いた経験があるので、体力と根性には自信があります。

> 謙虚な姿勢を見せる

> 過去の経験から説得力を持たせる

プラスワン

謙虚な姿勢を見せつつも、乗り越えていける自信があることを示します。「部活をやってきたから大丈夫」などと安直に答えると「訓練はそんなに甘くないよ」と言われてしまう可能性があるので注意しましょう。

Question: 66

あなたにとって向いていない仕事はどんな仕事ですか

面接官はココを見ている!

自己分析ができているか
不向きだと思う仕事でも逃げずに取り組むことができそうかを見ています。

> 素質に関することではなく、スキルが足りない業務を挙げる

専門的なパソコンスキルを必要とする仕事は、現段階ではあまり自信がありません。そういった業務を任された際には、通勤時間や休みの日などを使って勉強し、少しでも早く一人前に業務ができるようにしていきます。

> 前向きに取り組むつもりであることをアピール

プラスワン

「向いていない仕事はありません」と答えるのはNG。また、「初対面の人と会話をする仕事」「単純作業が多い仕事」など公務員なら避けられない業務も挙げるべきではありません。上記以外には、「高度な英語力が求められる仕事」「車の運転が多い仕事」などを話すのもよいでしょう。

Question: 67

転勤が多いですが大丈夫ですか

面接官はココを見ている！ 転勤に対する理解と前向きさ
転勤についてどのような考えを持ち、業務をしていく意気込みがあるか知ろうとしています。

GOOD!

はい、問題ありません。国家公務員として働く以上、転勤が多いことは承知しています。転勤することで、さまざまな地域の特色を知り住民の方と触れ合えることはむしろ魅力であり、自身の成長にも大きくつながると考えています。また、両親も私の考えに賛成し、応援してくれています。

- 当然の理解を示す
- 転勤に対してポジティブさを
- 家族の理解も得られていることをアピール

プラスワン

「転勤できます」だけで終わらせるのではなく、前向きな理由も合わせて伝えましょう。また、「ご家族は反対していませんか」などと聞かれることがあるので、上記のように先に伝えておく方法もあります。

Question: 68
上司と意見が対立したらどうしますか

面接官はココを見ている！

意見を聞き入れる素直さがあるか
意見を聞き入れつつも、自身の考えや意見を伝えることができるかを見ています。

Good!

まず、<u>私の意見はしっかりとお伝えしたいと思います</u>。そのうえで、<u>未熟なところは指摘していただき、自分を大きく成長させる学びの機会にします</u>。いずれにせよ、経験豊富な上司のご判断・ご指示に従います。

> 自身の考えをしっかり伝える芯の強さをアピール

> 謙虚に学ぶ姿勢があることをアピール

プラスワン

「従います」だけでは不十分。ただのイエスマンだと思われる恐れがあるので、そこに至る過程もあわせて話しましょう。「そのような経験は今までにありますか」などと聞かれる可能性があるので準備しておくこと。

Question: 69

職場には年下の上司もいますが、問題ありませんか

面接官はココを見ている！ 人間関係における柔軟性
周囲と円滑な人間関係を築けそうかを見ています。

> エピソードを添え、回答に説得力を持たせる

はい、問題ありません。実際、ドラッグストアのアルバイトで私よりも年下でアルバイト歴が長い高校生に新人指導を担当してもらいましたが、特に違和感はありませんでした。私は人と接するときに相手の年齢を意識したことはあまりなく、相手を尊重しながらコミュニケーションをとるようにしています。

> コミュニケーションで心がけていること強調

プラスワン

警察官・消防官の試験で問われやすい質問です。「問題ありません」だけでは、説得力に欠けるので、できれば、なぜ、そう言えるのかエピソードを絡めて話せるとよいですね。

Question: 70

苦手なタイプはどんな人ですか。また、上司がそうだったらどうしますか

面接官はココを見ている！ 自分と異なる価値観の人に対してどう対応するか
受験生の素の反応を引き出して人柄や性格を見ています。

GOOD!

> 組織のパフォーマンスに影響することを述べる

私の苦手なタイプは「ネガティブなことばかり言う人」です。なぜなら、その人だけでなく、周りの人にも悪い影響を与えるからです。上司でそのような方がいた際は、私自身がポジティブな発言をたくさんすることで、その方の意識を少しでも変えてもらえるように努力します。

> 誰とでも協力できることをアピール

プラスワン

必ず対処法とセットで聞かれるので、「対処しづらい苦手なタイプ」を言うのは得策ではありません。自分なりの対処法を考え、プラスイメージになるように話を組み立てましょう。

Question: 71

良好な人間関係を築くために意識していることはありますか

> 面接官はココを見ている!

職場で信頼関係が築ける人物か
多様な価値観を持った人と人間関係を構築することができるか、知ろうとしています。

> 公務員にとって「傾聴力」は必須

相手の話をしっかり聞き、**傾聴する姿勢**を意識しています。そのため、相手の話を聞くときは**笑顔で相づちを打ち、話し相手が安心できるように配慮**しています。実際、塾講師のアルバイトで気難しい学生の方を担当した際、こういった心がけをしたことで、人間関係を構築できた経験があります。仕事においても、常にこのことを意識していきます。

> 実際の行動を説明する

> エピソードを添える

プラスワン

エピソードを交えて回答すると、具体的にどのように人間関係を築いているのかイメージしてもらいやすくなります。

Question: 72

周りからどのような人だと言われますか

面接官はココを見ている！ 自己評価と他己評価にズレがないか
面接態度や自己ＰＲなどとの整合性を確認しています。

Good!

私は「聞き上手」だとよく言われます。（他己評価を一言で）友人から相談を受けることが多く、相談後には「話を聞いてもらえて気持ちが楽になった」と言ってもらえます。おそらく、相手の話に耳を傾け、話を聞いていることから、そのような評価をしてくれているのだと思います。

（根拠となるエピソードを添える）
（自己分析でアピール）

プラスワン

自身で思いつかない場合は、友人などに「どう思うか」「なぜそう思ったか」を聞いてみましょう。マイナス評価を話す場合は、それをどう改善しようとしているのかを伝えることで、自己PRに転じることができます。

Question: 73

友人はどのような性格の人が多いですか

面接官はココを見ている！

受験生の内面

「類は友を呼ぶ」です。友人のタイプから受験生の素の性格を知ろうとしています。

> 自身のアピールにもつながっていることを意識しよう

明るく前向きで、目標に向かって努力している友人が多いです。彼らと一緒にいることで私自身も、頑張ろう！ と元気をもらっています。私にとって友人の存在はとても大きいです。

> 友人思いであることをアピール

プラスワン

「おとなしい友人が多いです」などの回答は、ネガティブにとらえられないように注意しましょう。また、「友人は何人いますか」といった質問もあります。その場合は「何でも話せる友人は○人です」など、ある程度定義づけをしてから回答するのがコツです。

Question: 74

購入しなくてはいけないものがあって、お金がないときどうしますか

面接官はココを見ている！

健全な金銭感覚を持っているか
金銭感覚を知ることで、公務員としての適性を確認しています。

> 購入する理由はちゃんと説明する

その場合、家族になぜ購入する必要があるのかをしっかり説明し、返済の期限も伝えて頭を下げて、お金を借りてから購入します。

> 礼儀をわきまえていることを述べる

プラスワン

警察官の面接でよく聞かれる質問です。「購入しなくてはいけないもの」なので、「買わずに我慢します」といった回答はできません。「友人・消費者金融から借りる」と答えるとお金に対して短絡的でルーズな印象を持たれるので NG。

Question: 75

もし、大金が手に入ったら どうしますか

面接官はココを見ている！ 金銭感覚と突発的な質問に対する対応力があるか
お金の使い方には人間性が出ます。この質問で受験生の価値観や性格を見ています。

GOOD!

> 現実的な回答が好ましい

家族や友人と一緒に回らないお寿司を食べたり、趣味のスキューバーダイビングの新しいセットを購入したりしたいです。残りは今後の将来のために貯蓄します。

> 計画性があることもアピール

プラスワン

「全額貯蓄します」だと、いかにも良い子を演じているように思われて会話も膨らみにくいので、趣味の方向に話を持っていったり、家族や友人思いであることなどを伝えられるとよいですね。

Question: 76

あなたにとって、「働く」とは何ですか

面接官はココを見ている！ どのような心づもりで公務員として働きたいか
仕事に対する意欲や価値観を知ろうとしています。

Good!

> 働くことに対する考えの元となった経験を話す

私にとって働くとは、「誰かの笑顔を見て自分も満たされること」です。塾講師のアルバイトで担当の学生が志望校に合格した際、自分のことのようにうれしかった経験があります。この経験から、働くことを通して多くの人を笑顔にしたいと考えるようになりました。公務員の仕事においても「多くの人を笑顔にするためにはどうすればいいか」を考えて仕事に打ち込んでいきたいです。

> どのような姿勢で仕事に取り組むつもりかを話す

プラスワン

「生活のためです」などありきたりの回答は避けましょう。働く意義や目的をしっかり見据えた回答が好印象です。今まで自分が、どのようなことをきっかけにモチベーションが上がったのか振り返ってみると回答のヒントが見えてくるかもしれません。

Question: 77

10年後、どのような職員になりたいですか

面接官はココを見ている！

成長する意欲があるか
入庁することだけが目的になっていないかを見ています。

幅広い知識を求められることの理解を述べる

私は多様な業務に対応する総合性と業務の特性に応じた専門性を持ち合わせた職員になりたいと考えています。また、自身のスキルアップのため資格取得などを積極的に行っていきたいです。

向上心をアピール

部署によって専門性があることの理解を述べる

プラスワン

地方公務員は3～4年ごとに部署異動があるので、10年後はどの部署に所属しているかわかりません。そのため、具体的な業務内容を話すよりも「仕事に対する姿勢」を回答した方がよいでしょう。

Question: 78

将来の夢は何ですか

面接官はココを見ている！

志高く、仕事に取り組む意欲があるか
仕事に対して、どれくらい意欲があるか知ろうとしています。

> とても大きな目標だが、現実味もある

私の将来の夢は、自分が企画立案した政策によって○○市の住民が笑顔になることです。そしてそれが、日本全国の自治体に波及していくことです。当然、なかなか叶う夢ではありませんが、その実現のためにも、日々努力を惜しまず、知識を蓄え、仕事に打ち込んでいきます。

> 達成の厳しさは理解している

プラスワン

数年後に達成できてしまうことは言うべきではありません。「10年後、どのような職員になりたいですか」（P.95参照）の回答よりも大きいスケールで考えましょう。手が届きそうで簡単には届かない、そういった夢を回答するのが好ましいですね。

Question: 79
必ず叶うならどんな夢を願いますか

面接官はココを見ている！

突発的な対応力と人間性
回答内容よりも、受験生の対応力を見ていますが、できれば公務員としての回答をしたい。

Good!

> 日本が抱える多くの行政課題が一気に解消し、誰もが幸せに暮らせる社会になってほしいと願います。そして、公務員こそが、その夢に一歩でも近づくための仕事だと考えています。

- 公務員目線の願いがベスト
- 公務員の志望動機につなげる

プラスワン

面接だからといって「○○市の職員になることです」という回答はNG。自分本位ですし、夢というわりには実現可能性が高すぎます。回答例はやや偽善的な内容に見えますが、ここは恥ずかしがらず、言い切ることが大切です。

Column

マッチングを意識しよう
•••自治体が求める人物像•••

面接で合格を勝ち取る人は、自治体が求める人物像に自身をマッチングさせるのが上手です。逆を言えば、自治体が求める人物像とかけ離れた強みや長所をアピールしても、面接官に「この人が欲しい」「一緒に働きたい」と思ってもらえません。

面接の前に、受験する自治体のホームページや採用パンフレットに目を通し、求められる人物像を確認しておきましょう。

例を挙げると以下のとおりです。

国家公務員

国民全体の奉仕者として、国民の立場に立ち、高い気概、使命感及び倫理感を持って、多様な知識及び経験に基づくとともに幅広い視野に立って行政課題に的確かつ柔軟に対応し、国民の信頼に足る民主的かつ能率的な行政の総合的な推進を担う職員となることができる知識及び技能、能力並びに資質を有する者

(参照：国家公務員法第45条の2第3項)

特別区

自ら考え行動する人材

(参照：特別区職員募集案内)

東京都

1) 高い志と豊かな感性を持った人材
2) 進取の気性に富み、自ら課題を見つけ、進んで行動する力を持った人材
3) 都民から信頼され、協力して仕事を進める力を持った人材
4) 困難な状況に立ち向かい、自ら道を切り拓く力を持った人材

(参照：東京都職員採用試験ホームページ)

ここで注意すべきなのは、自治体が求める人物像に一言一句そのまま合致させる必要はないということです。つまり、あなたは求められる人物像に数年後成長できる可能性がある、と面接官に感じてもらえばよいのです。

第5章

学生時代
に関する質問

Question: 80

大学時代、どんなことに力を入れて取り組みましたか

面接官はココを見ている! 受験生の人間性
物事に対して、目的意識を持って行動できる人物かを見ています。

> 主体的に行動した経験を述べる

私は大学時代の4年間、都内最大級のアウトドアショップで接客のアルバイトに力を入れました。私は担当部門の1日の売上予算達成に向けて、SNSを使った情報発信、販売促進講習会の積極参加、スタッフ間の情報共有の3つを徹底しました。その結果、私が在籍した最後の年は、すべての月で売上予算を達成することができました。

> 必ず、結果も添える

プラスワン

100%聞かれる定番質問です。準備をすることは当然ですが、深掘り質問にも対応できるようにしておきましょう。また、「この経験から何を学び、どのように職務に生かそうと思いますか」への回答も準備しておくこと。

Question: 81

○○学部を選んだ理由は何ですか。また、学んだことをどのように仕事に生かしていきますか

面接官はココを見ている！

目的意識を持って行動できるか
受験生の興味・関心や価値観も知ろうとしています。

Good!

高校時代に歴史や文学に興味を持ったことから文学部を選びました。【自分の興味・関心を自己分析できている】学部ではレポート提出が多く、それをこなしていくことで、納得いくまで物事を調べるといった「探究心」を身に付けることができました。この点を仕事でも生かしていきます。【知識の習得だけでなく、「考え方や行動パターンの変化」も学んだこととしてアピールできる】

プラスワン

文学部など、知識そのものを仕事に生かすのが難しい学部の場合は「ものの見方や考え方」を回答するとよいでしょう。逆に、法学部など知識が仕事に直結する学部でも、知ったかぶりはNG。謙虚な姿勢で受け答えしましょう。

Question: 82

ゼミを選んだ理由は何ですか

面接官はココを見ている！

物事の選択基準や価値観
どんなことに関心を持ち、学ぼうとしたのか、受験生の性格や考え方を知ろうとしています。

Good!

> 主体性をアピール

観光・地域活性化のゼミに所属していますが、このゼミを選んだ理由は、机上の学習だけでなく実践的な内容も学びたいと考えたからです。実際、○○市にある「○○商店街」の活性化に取り組むNPO団体が主催するイベントに参加し、新商品の提案や制作を行いました。

> ゼミでのエピソードを添えて説得力を高める

プラス・ワン

上記のエピソードは公務員向きの内容ですが、その点に特にこだわる必要はありません。大切なのは、きちんと目的意識を持って行動できる人物であることを伝えられるかです。

Question: 83

ゼミで大変だったことは何ですか

面接官はココを見ている！
「知識」ではなく、どのような「経験」をしたか
その経験が、今後の仕事にどのように生かせそうかを見ています。

> どんなことを「大変だった経験」ととらえているか

学部内の成果発表会に出場したことです。3か月という短期間だったのですが、発表テーマについて意見がまとまらず、ゼミ内の雰囲気も悪くなり苦労しました。そこで私は、情報共有ツールの活用を提案し、実行しました。話し合いの結果をメンバー全員がいつでも見られるようにしたことで、議論が円滑になり、テーマをまとめることができました。ほんの少しの工夫でメンバーがまとまるという経験をしたので、この経験を仕事にも生かせればと考えています。

> その経験を仕事に生かそうという熱意をアピール

> 大変な状況を、どう工夫し乗り越えたのか

プラスワン

「大変だったこと」「つらかったこと」「苦労したこと」を尋ねる質問は、「その課題にどう向き合い、どう解決したか」「それを仕事にどう生かせるか」を聞いています。単に「○○が大変でした」で終わらせないように。

Question: 84

サークルには所属していますか

面接官はココを見ている! どのような学生生活を送っているか
大学で授業以外の時間を何に充てているのか知りたいと思っています。

入部のきっかけは些細なことで構わない

はい、所属しています。ボランティア活動に打ち込む友人に触発されて、ボランティアサークルに入りました。現在は週1回、「子ども食堂」で地域の子どもたちのために食事の調理や、遊び相手をする活動をしています。

活動内容をコンパクトに伝える

プラスワン

サークルなどに入っていない場合、その分の時間をどんなことに充ててきたのか回答できるよう準備しておきましょう。「資格取得にチャレンジした」「アルバイトに積極的に取り組んだ」など何でも構いません。筆記試験だけでは見えてこないあなたの姿を伝えられると Good。

Question: 85
サークルで大変だったことは何ですか

面接官はココを見ている！

サークル内での役割やサークルへの熱中度
なんとなく所属していたのではなく、主体性を持って活動に取り組んでいたのかを見ています。

 Good!

> サークルの活動内容や規模感を一言で

子どもと遊ぶボランティアサークルで200人以上の運動会の企画運営をしたことです。例年、仕事を把握していないサークル員が多く、運営に支障が出ていました。そこで私は、役割分担表を作成することと、裏方ミーティングを開催することを提案し、実行しました。そして、サークル員一丸となって取り組んだ結果、当日は円滑な運営ができ、参加者から感謝の言葉を頂くことができました。

> 何が課題だったのかをわかりやすく伝える

プラスワン

困難に対してどのような行動を起こしたのかがポイント。「部活でレギュラーになるために人一倍練習しました」は誰もがすることなのでアピールになりません。エピソードが思いつかない場合は、過去に熱中したことを振り返ってみましょう。

Question: 86

チームで1つの物事に取り組んだ経験はありますか

面接官はココを見ている! 周囲と協力関係を持ちながら行動できるか
チーム内で受験生がどのようなことを考え、どう行動するのか確認しています。

 Good!

> チーム内での役割を説明する

はい、あります。ゼミではじめて卒業記念パーティを開催した経験です。私は渉外係としてパーティの会場確保や日程調整に尽力しました。また、卒業生に贈るビデオレター制作では、同級生や後輩たちと協力し、作品を完成させました。大学生活が忙しい中で無事に開催できたことは、ゼミ生全員の自信にもつながっています。

- 結果、自分がどう変わったのかを話す
- 「仲間と協力している感」を出す

プラスワン

自分一人の力で結果を出したのではなく、「チームで取り組んだからこそ成し得た」ということが伝わるよう、「協力」「連携」といったワードを効果的に使いましょう。

Question: 87

ボランティアの経験はありますか

面接官はココを見ている！

奉仕の気持ちや行動力があるか
自分から積極的に行動し、学ぶ姿勢を持っているかを知ろうとしています。

> ○○市の障がい者スポーツ大会でボランティアをした経験があります。去年の11月、友人に誘われて参加しました。当日は障がい者の方の手を引いて運動場を走ったり、パン食い競争の準備などをしました。障がい者の方がいきいきと楽しそうにしている姿を見て、私もとても元気をもらえましたし、こういった方々の支援の必要性を強く感じました。

時期や、参加したきっかけを話す

経験からどんなことを感じたり学んだりしたかを述べる

プラスワン

経験がない場合、「申し訳ありません。ボランティア経験はありません。就職活動が落ち着いたら、以前から興味があった『子ども食堂』のボランティアに参加するつもりです」などと前向きな回答ができるとGood。

Question: 88
なぜ、そのアルバイトを選んだのですか

面接官はココを見ている！ 仕事を選ぶうえで何を大事にしているか
アルバイトの選択基準から、業務への適性を見ようとしています。

> 複数の理由を述べる

私がパン屋のアルバイトを選んだ理由は、純粋にパンが好きということと、何度か来店した際に、従業員の接客対応がとても良かったからです。このお店でアルバイトをすることで、私自身のコミュニケーション力をより培うことができるのではないかと考え、選びました。

> 目的を持ってアルバイトを選んだことを強調

プラスワン

「家から近くて通いやすいから」「商品のファンだったので」などの理由だけではなく、自身の成長につながる理由も付け加えて回答するのがベスト。接客系のアルバイトはマナーや傾聴力、トラブル対応力などが身に付くのでおすすめです。

Question: 89

アルバイトで大変だったことは何ですか

面接官はココを見ている！ ストレス耐性のレベル
困難に対しどのように考え克服しようと努力したのか、知ろうとしています。

> 大変さを、数字などを入れて具体的に

駅改札内のケーキ屋でクリスマスシーズンの繁忙期を乗り切った経験です。この時期は、来店されるお客様が普段の10倍以上に増え、行列ができる時間帯もありました。来店者数に圧倒されながらも、お渡しミスゼロを心がけ、スタッフと声をかけ合い連携を図りました。その結果、トラブルやミスもなく売上目標も達成しました。

> 自身が心がけたことや工夫したことをアピール

プラスワン

大変な状況を具体的に伝えるのがポイント。伝え方があいまいだと「その程度で大変だと感じてしまうのか」と思われる恐れがあります。数字を交えて状況を説明するとともに、その中で自分がどう振る舞い、店に貢献したのかをアピールしましょう。

Question: 90
アルバイトでクレーム対応の経験はありますか

面接官はココを見ている！

クレーム対応の過程で見える人間性
公務員なら頻繁に起こり得る事柄に対してどのように向き合うか、適性を見ています。

Good!

> どのような対応をしたのかを説明する

はい、あります。居酒屋でアルバイトリーダーをしていた際、新人アルバイトの接客態度についてクレームがありました。たまたま店長が不在の日だったので、私は責任者として、お客様に不快な思いをさせてしまったことをおわびし、当人にも厳重に注意すると伝えました。また、クレーム内容をスタッフ全員で共有し、再発防止を徹底しました。その後も、そのお客様が来店してくださったときはとてもうれしかったです。

> クレームに上手に対応できたことをアピール

> クレームを業務改善に生かしている

プラスワン

公務員は「傾聴力」が求められるので、クレーム対応の経験があると有利です。業種や立場によってはクレーム対応の経験がない人もいるでしょう。その場合は、「店長が適切に対応しているのを見て勉強になった」など、クレームを自分ごととして感じていることをアピールするとよいでしょう。

Question: 91

アルバイト代は月にどれくらいで、何に使うことが多いですか

面接官はココを見ている！

受験者の金銭感覚や生活感

お金に関する不祥事を起こす可能性がないかを見ています。

> 具体的な使い道を述べる

アルバイトで毎月4万円ほどの収入があります。使い道としては、携帯電話の支払いやジムの会員費、友人との食事など交際費として使い、残りは貯金しています。

> 堅実さもアピール

プラスワン

警察官や消防官の面接で聞かれやすい質問です。使い道は個人の自由ですが、「飲み会」など浪費をイメージさせる回答は避けた方が無難です。

Column

面接官の 「ほかにもありますか」は怖くない

・・・回答は複数準備・・・

面接官は、あなたが面接に向けて、ある程度回答を準備していることはわかっています。そのため、わざと「ほかにもありますか」という質問を投げかけ、「志望度の高さ」や「突発時の対応力」などを確認してくることがあります。

回答を複数求められやすい質問としては以下のようなものがあります。

・力を入れて取り組んだこと
・チームで努力した経験
・失敗や挫折の経験
・やりたい仕事
・自己PR（強み）
・長所や短所
・自治体の課題と解決策
・最近気になるニュース

複数聞いてくる場合、回答内容よりも「回答できるか否か」を見られていることが多いのですが、当然、内容が重複しないように注意しましょう。
たとえば、自己PRのエピソードが2つとも高校時代の部活に関したものだと、それ以外ないのかと思われる恐れがあります。時間や場所が異なる話題を出せるとベストです。

第6章

その他の質問

Question: 92

尊敬している人は誰ですか。名前を漢字で教えてください。また、尊敬する理由も教えてください

面接官はココを見ている！

説明力と人柄

とっさの質問に対し過不足なく説明できるかや、理想とする人物像を見ています。

 Good!

人名はフルネームで

大学のゼミの福嶋健一先生です。名字は「幸福」の福に、部首が山に鳥の嶋で福嶋、名前は「健康」の健に、数字の一で健一です。尊敬する理由は、いつも温和で優しく、学生のことを第一に考えて行動してくれるからです。公務員試験勉強で行き詰まっていたときも、何度も励ましてくださいました。私も先生のように温かみのある人間になりたいです。

自分が「なりたい姿」を理由に挙げる

プラスワン

特に警察官・消防官は、名前や地名の漢字を口頭で説明する機会が多い。この手の質問は、漢字力はもちろん、緊急時や緊張する中でも冷静に答えられるかが問われています。

Question: 93

（二次面接で）前回の面接に点数をつけるとしたら何点ですか

面接官はココを見ている！

客観的な自己評価ができているか
改善点などを把握して今回の面接に臨んでいるか知ろうとしています。

GOOD!

100点満点で70点です。緊張してしまって、早口になったり、目が泳いだりしたときがありました。ですので、今回はゆっくりと落ち着いて話すよう意識しています。

- 何点満点かを忘れずに言うこと
- 満点でない理由を述べる
- 改善の努力をしていることをアピール

プラスワン

点数だけ答えるのではなく、その理由をきちんと伝えること。点数が低いと自信がないように思われ、逆に高すぎても自信家に見えるので、70点くらいが無難です。また、改善策もあわせて述べると好印象を与えられますよ。

6 その他の質問

Question: 94

体力づくりで何かやっていますか

面接官はココを見ている!

体力があるか
警察官や消防官として厳しい訓練を乗り越えられるか確認しています。

GOOD!

はい、しています。【トレーニング内容を具体的に話す】毎日腕立て伏せ50回と、腹筋、スクワットを100回ずつと自宅近くの公園で3キロランニングしています。また、食生活にも気を付けており、できるだけ栄養バランスのとれた食事を心がけています。【食事も意識していることをアピール】

[プラスワン]

部活の加入歴がない人は、この質問を聞かれる可能性が高い。トレーニング内容を誇張しすぎると、体力検査との整合性がとれなくなるので要注意。

Question: 95

お酒は飲みますか

面接官はココを見ている！

飲酒が原因で職務に支障をきたすことはないか
飲酒に関する問題（酒気帯び運転やセクハラなど）のリスクを探っています。

GOOD!

たしなむ程度に飲みます。（あくまで適度に）お酒そのものより場の雰囲気が好きなので、飲まなくても会話を楽しむことができます。どちらかと言うと注ぎまわる役目の方が多いです。

（お酒の場にいること自体は問題ないことを伝える）

プラスワン

警察官や消防官の面接で聞かれることが多い質問です。もちろん飲める/飲めないで合否が決まることはありませんが、ほどほどと回答するのが無難でしょう。

Question: 96

交通違反歴はありますか

面接官はココを見ている！

犯罪歴や処分歴はないか
採用後のトラブルを避けるために確認しています。

（違反歴がある場合）まず謝罪する

いつ、どこで、何をしたかを述べる

大変申し訳ありません。1度だけ違反したことがあります。20○○年○月に、○○街道で一時停止違反をしました。猛省し、以降、運転の際には細心の注意を払っています。

同じ過ちを繰り返さないつもりであることを強調する

プラスワン

違反歴があっても内定をもらった人はたくさんいます。ウソをついたりごまかしたりは絶対にしないこと。

Question: 97

SNSはやっていますか

面接官はココを見ている！

ネットリテラシーに問題はないか
情報漏えいや炎上などのリスクがないか確認しています。

> 節度を持っていることをアピール

以前はしていましたが、今は公務員試験に集中したいのでやっていません。公務員になった後も、特に再開する予定はありません。

プラスワン

警察官の面接で頻出の質問です。もちろん、「しています」と答えても問題ありません。その場合、「就活の情報収集で利用している」「同じ趣味の人と情報交換をしている」などと付け加え、SNSと上手に付き合っていることをアピールするとよいでしょう。

Question: 98

（社会人経験者に）前職の業務内容を教えてください

面接官はココを見ている！

仕事内容とそこで得た経験
これまでどんな仕事をしてきて、どんな経験やスキルを積んだのかを見ています。

GOOD!

業務内容や身に付けた知識を伝える

大学卒業後、システム開発会社に5年勤め、Webサイトの企画・デザイン・コーディングなどサイト構築全般を担当してきました。まったくの未経験で入社しましたが、休日に書籍などで独学し、1年かかると言われていた〇〇というプログラミング言語を約3か月でマスターしました。

努力家であることをアピール

プラスワン

職務経歴が長い場合でも、回答は1分程度にとどめること。数字なども入れて成果を具体的にアピールしましょう。

Question: 99

(社会人経験者に) 前職で大変だったことは何ですか

面接官はココを見ている！

課題に立ち向かい、解決策を見つけられる人材か
受験生が負担を感じることの性質や問題の把握力、解決力などを知ろうとしています。

大変さを数字でイメージさせる

生産管理業務において、新製品を短納期で開発するプロジェクトに取り組んだ経験です。通常、1年を要するところ、取引先の都合で6か月で開発しなくてはなりませんでした。私は取りまとめ役として、量産までの計画を立て、その推進を担いました。プロジェクトを進める中で、トラブルにも見舞われましたが、その都度チーム内で計画を練り直し、取り組んだ結果、予定通りに納品することができました。

解決に向けてどんな行動をとったのか具体的に話す

プラス ワン

単なる愚痴や苦労話にならないように注意。「この経験で何を学び、次の仕事でどのように生かそうと考えているか」といった質問も聞かれやすいので準備しておきましょう。

Question: 100

（社会人経験者に）働きながら公務員を目指そうとは思わなかったのですか

面接官はココを見ている！ どのような心境で面接を受けているのか

仕事との両立がなぜできなかったのか、興味本位で聞いていることがほとんどです。

 GOOD!

> 働きながら公務員を目指すことも検討しました。しかし、いち早く公務員になりたいという思いがあり、勉強時間の確保を優先するため退職を決意しました。家族も心配しましたし、何より前職の会社には迷惑をかけてしまい申し訳ない気持ちでいっぱいです。ですが、今は目標である公務員試験合格に向けて、全力を尽くすことだけを考えています。

- 安易に決めたわけではないことを強調する
- 退職を選んだ理由を述べる
- 断腸の思いであったことをアピール

プラスワン

退職したということは、多かれ少なかれ家族や同僚にも影響があったと思います。自分の夢をかなえるための決断とはいえ、周囲の人の理解や支えに対する感謝を忘れずに。

Question: 101

（社会人経験者に）学生時代の就職活動では公務員は考えなかったのですか

> 面接官はココを見ている！

民間企業から公務員に転職しようと思った理由
何がきっかけで公務員試験を受けようと思ったのか確認しています。

> 回答とその理由を伝える

実は、就職活動の際、公務員という選択肢も考えました。ですが、試験科目の多さや準備期間の短さから尻込みしてしまい、受験はしませんでした。今の仕事もやりがいはあるのですが、先日の○○市の業務説明会に参加し、公務員でなければできない高齢者支援の仕事にやはり携わりたいと思い、転職を決意しました。

> 転職理由を強調する

> 今の仕事を悪く言わない

プラスワン

公務員の仕事に興味を持ったきっかけを振り返っておきましょう。仕事を通して行政の課題を知った、説明会に参加した、公務員の友人から話を聞いた、などの経験を話すとよいでしょう。

Question: 102

（社会人経験者に）前職を短期間で辞めてしまっていますね。責任感がないのでは

面接官はココを見ている！

失敗を認める素直さがあるか

会社を辞めることの重大さをきちんと理解し、次に生かそうとしているのかを確認しています。

 GOOD!

> おっしゃるとおり、短期間で辞めてしまった前の職場には大変申し訳ない気持ちでいっぱいです。また、責任感がないのでは、とお思いになるのも致し方ありません。ですが、私は○○市でいち早く働きたいという強い思いだけは誰にも負けませんし、採用された際にはしっかりと責任感を持って業務を遂行します。

（申し訳ない気持ちを伝える）

（二度とそのようなことがないつもりであることを強調）

プラス ワン

前職を辞めた理由をここで言う必要はありません。前職に対して申し訳ない気持ちがあること、そして、すぐに辞めてしまうようなことは今後絶対にしない、ということをしっかりと伝えれば十分です。

Question: 103

（社会人経験者に）会社を辞める際、上司から何か言われましたか

面接官はココを見ている！

前職において受験生がどのような存在だったか
前職での人間関係が良好だったのか知ろうとしています。

> 社内での評価が高かったことがうかがえる

最初に退職を伝えたときは、とても驚かれました。ありがたいことに、**会社に必要な人材だから辞めないでほしいと引き留められました**。しかし、私が公務員として働きたいという気持ちを伝えたところ、ご納得いただき、試験合格を応援してくれています。

> 上司との人間関係が現在も良好であることを述べる

プラスワン

「特に何も言われていません」という回答はマイナス印象。職場内での人間関係が希薄で、あまり必要とされていない人材なのでは、と思われてしまいます。できればここで、有能な人材であることをアピールしたいですね。

Question: 104

最後に、何か質問はありますか

> 面接官はココを見ている！

受験生の意欲
面接の質問だけではつかみきれなかった、受験生の意欲や意気込みについてもう一歩踏み込みたいと思っています。

Good!

> さまざまな人と交流したい、積極性をアピール

○○市では、部署を越えて交流を図る場やサークル、部活などはありますでしょうか。私はコミュニケーションを取ることが好きなので、他の部署の方とも広く交友関係を築いていきたいと思っています。

> 自身の長所をさりげなく述べる

プラスワン

逆質問タイムを活用して自身の長所や仕事への意欲をアピールしましょう。ほかにも「入庁するまでに学んでおくべきことはありますか」といった回答も考えられます。また、調べればわかることへの質問や、残業や給与に関する質問はNG。

Question: 105

最後に、言いたいことはありますか

面接官はココを見ている!

言い足りないことがないかの確認
ここまで十分なアピールができなかったとしても、最後のチャンスを生かせれば面接官の評価が変わることもあります。

> お礼を言うことで好感度アップ

本日はお忙しい中、このような機会を設けていただきありがとうございました。面接を受けさせていただく中で、○○市の政策などますます興味が湧き、働かせていただきたいという気持ちが一層強くなりました。少しでも早くお役に立てる人材になれるよう、日々精進してまいりますので、何とぞよろしくお願いいたします。

> 働きたい気持ちを念押し

プラスワン

「何か質問はありますか」という質問と混合しないように。また、お礼の後に「自身の強み」を再度念押しする回答も効果的です。

Column

第一印象が合否を左右する!?

• • •面接で好印象を与える立ち居振る舞い• • •

面接では、面接官に好印象を持ってもらうことがとても重要です。人の印象は最初の数秒で決まるとも言われ、初対面での印象は、面接全体のイメージや評価にも大きな影響を与えます。

表情

「面接中は『真剣な顔』と『笑顔』どちらが良いですか」という質問をよく受けます。結論から言うと「質問の内容によって変える」がベストです。たとえば、趣味について聞かれたときは「笑顔」、挫折経験を聞かれたときは「真剣な顔」で答えましょう。

面接でもっとも避けたいのは「無表情」です。気持ちや意欲が伝わってこないため、大きなマイナスです。

面接前には表情筋をほぐして自然な表情がつくれるよう準備しましょう。

所作

入退室マナーについてそこまで神経質になる必要はありません。実際、ドアを開ける際に大きな音を立ててしまった、面接官の指示を待たずに着席してしまった……こういった人でもちゃんと合格しています。

ただし、次の２つのことは意識してください。

１つ目は「入室時の元気な挨拶」です。面接試験では最初のつかみが、その後の展開を左右します。そのため、笑顔で明るく「失礼いたします！」と言い、元気でフレッシュな印象を持たれるようにしましょう。

２つ目は「ながら動作をしない」ということです。「失礼いたします」と言いながらお辞儀をすると、声も聞き取りにくく、だらしない印象を与えてしまいます。言葉を言い終わってからお辞儀をすることでグンと丁寧に見えます。

表情や所作の癖は自分ではなかなか気づかないものです。家族や友人に協力してもらい、面接時の立ち居振る舞いについてもチェックしてもらいましょう。

第 **7** 章

合格者の面接カード
実例集

面接カードの概要

面接カードとは

　民間企業でいうエントリーシート（ES）のことで、出願時または面接時に提出します。「面接シート」と呼ぶ自治体もあります。

　書式や出願方法（持参、郵送、メールなど）は自治体によってさまざまですが、聞かれる項目は、「自己PR」「志望動機」「やりたい仕事」「学生時代に力を入れて取り組んだこと」など定番のものが多いようです。

　面接試験では面接カードを元に質問をされることが多いので、提出前に必ず控えを取っておきましょう。

記入時・発送時の注意点

- 文字はしっかりと濃く書く
- 鉛筆やシャープペンシル、消えるペン、太すぎるペンで書かない
- 極端に小さい文字や大きい文字は避ける
- インク溜まりに気を付ける
- 記入欄に線がない場合は、鉛筆で罫線を引いてまっすぐ書く
- 「です・ます調」「である調」を混ぜて書かない
- 自治体から配布される正式な用紙に記入する
- 誤字は二重線を引き訂正印を押す
- 文章の区切りが良いところで改行をする
- （郵送の場合）折り目やしわにならないようクリアファイルに入れて郵送する

面接カードの書式例

例として「東京都特別区」の面接カードを再現しました。

決められた枠の中で、面接官が知りたいであろう情報を過不足なく書くことがポイントです。

特別区「面接カード」

試験区分	受験番号	フリガナ		年齢
		氏　名		

【あなたが特別区でどのような仕事に挑戦したいか、あなたの強みと志望動機も含めて具体的に書いてください。】※面接の冒頭に3分間でプレゼンテーションをしていただきます。

　

　

　

　

【あなたが一つのことをやり遂げた経験を挙げ、その中で最も困難だと感じたことと、それをどのように乗り越えたかを教えてください。】

　

　

　

　

【目標達成に向けてチームで行った経験において、チームへの貢献につながったあなた独自のアイディアを、ご自身の役割とともに教えてください。】

　

　

　

　

　

学生生活 (直近のもの)	最終学歴と卒業年(見込みを含む) (高校 ・ 高専 ・ 専門学校 ・ 短大 ・ 大学 ・ 大学院) 平成 ・ 令和　　　　年　　　　月 卒業	専攻学科		
職　歴 (アルバイトを除く) ※直近のものから 記入	業種・仕事内容 【例：建設業(営業職)】		在職期間	
			年　月 ～	年　月
			年　月 ～	年　月

※必要事項を手書きで記入のうえ、原本1部とコピー3部(計4部)を郵送してください。
※第2次試験時、面接カードを見ながら受験することは認めません。
※消せない黒のボールペンで記入してください。

～この面接カードは、第2次試験以外には使用しません～

次のページからは、合格した先輩たちの面接カード実例を紹介します。
※面接カードの質問は変わる場合があります。

面接カード実例①　国家一般職（志望官庁：国土交通省）

[志望動機・受験動機]
人々の生活に必要不可欠なインフラ整備や街づくりを行うことで、国民
の暮らしを良くしたいと思い志望しました。

[これまでに取り組んだ活動や体験（学業や職務において）]
日本におけるキリシタン史を研究しています。さまざまな視点から書か
れた文献や資料を読み込む中で、多角的に考える力を身に付けました。

[これまでに取り組んだ活動や体験（社会的活動や学生生活において）]
障がい者支援のボランティアを行っています。そこで、障がい者やご家
族の悩み、さらに日本の障がい者支援の課題を認識しました。

[関心事項]
気象庁が災害リスクの通知サービスを始めたことです。ICT や IoT など
情報通信技術の発展には、さまざまな機関との連携が不可欠だと考えま
す。

[趣味・特技など]
趣味：旅行や街散策、テニス
特技：地図を読むこと、サックス演奏

[自己 PR]
私の強みは「意志の強さ」です。大学ではフランス語の習得を目標に毎
日１時間勉強し、実用フランス語技能検定試験準１級を取得することが
できました。

面接カード実例②　国家専門職（国税専門官）

[志望動機・受験動機]
昨年のインターンシップに参加した際、職員の方々の「誰に対しても公
平に、国の財源や人々の暮らしを守る」という使命に向かって仕事をし
ている姿がとてもかっこよく、心に残り、また女性が生き生きと働いて
いる職場だと感じました。そして私も、国の財政を支える税の仕事に携
わり、人々の生活を守るための公正な課税を実現したいと思い、志望し

ました。専門的な知識が必要ですが、充実した研修制度のもと、モチベーションを高く持ち、自分自身成長したいと思っています。

[専攻分野・得意分野]

私は大学のゼミでマーケティングを専攻しています。ゼミ活動の中で、グループで商品企画を1から考え、企業の方にプレゼンするビジネスコンテストに出場しました。私たちのグループは、枡を使った新商品というテーマで、ティッシュ枡という商品を考案し、試作品を何個も作りアンケート調査を繰り返して完成させました。アイディアが優れているという評価を頂きましたが、優勝することはできませんでした。しかし、商品企画の難しさ、チームで何かをやり遂げる楽しさを改めて感じることができました。

[最近関心や興味を持った事柄]

児童虐待問題について関心を持っています。虐待は、さまざまな原因が複雑に絡み合って発生する問題なので、一つひとつ解決していく必要があると思います。虐待をしてしまう親を責めるのではなく、社会全体が子育てに関する悩みを解決できるような取り組みを行い、少しでも虐待が減ってほしいです。

[印象深かったこれまでの体験]

私は約3年間、飲食店のホールでアルバイトを続けています。私の職場は、ピーク時以外はホールを一人で回すことが多いので、店内のすべてのお客様に目が行き届いていないとトラブルを生んでしまいます。最初はたくさんのことに注意を向けることが難しかったですが、今ではお客様の要望を先回りして叶えられるようになり、バイトリーダーを務めています。

[自己PR]

私は、一度決めたら最後までやり抜く「忍耐力」があります。高校時代の部活動でキャプテンに就任してすぐにけがをし手術が必要になり、半年間リハビリをしなくてはならなくなりました。キャプテンとしてコートに立つことができない苦しさを経験しましたが、毎日リハビリを続け、半年後には試合に出場することができました。社会人になり困難な状況に置かれても、持ち前の忍耐力で目標達成のために努力します。

[趣味・特技など]

- ピアノ　約10年間続け、合唱コンクールや卒業式で歌の伴奏を務めました。
- 水泳　約8年間、習い事として通い、今でも時間があるときに泳ぎに行きます。

面接カード実例③ 東京都Ⅰ類B

[あなたがこれまでに学習したこと又は研究した内容などを書いてください。受験する試験区分に関係するものがある場合は、そのことを中心に書いてください。]

統計学を専攻するゼミに所属していました。ゼミでは、統計学を用いて、さまざまな社会的課題の背景を分析し対策案を検討していました。その中で、私たちのグループでは労働力人口の高齢化に伴う課題の解決を目的とした高齢労働者・外国人労働者の働き方の改革について調査・研究しました。そして、G-Census プレゼンテーション資料作成コンテストで賞を取りました。

[あなたがこれまで力を入れて取り組んだことについて、取組期間も含めて書いてください。（3つ以内、箇条書き）]

①学生団体（学生保険団体）での活動（大学1年4月〜大学3年10月）
②塾講師のアルバイト（対象：小学4年生〜高校3年生　科目：算数、社会、英語）（大学1年5月〜大学4年2月）
③ボランティア活動（献血運動の会、〇〇学生献血推進連盟）（大学1年4月〜大学3年10月）

[これまで取り組んだことのうち、成果や達成感を得た経験（1つ）について、あなた自身の行動を中心に具体的に書いてください。]

学生の健康の維持・促進を目的とした「学生保健委員会」の活動において、さまざまな提案・工夫を行ったことです。例えば、例年、歯科検診を受ける学生の数が目標人数に達しないという課題がありました。そこで、アンケートを取り、実施期間や広報のやり方に問題があることがわかりました。そこで、実施期間を延長し、新たな広報方法を提案し実施したところ、私たちの学年では受診者を増やし、目標を達成することができました。自分の意見が採用され、成果を上げることができたことに達成感を覚えました。

［東京都を志望した理由について書いてください。］

福祉や教育など、多様な面から都民の暮らしを支えたいからです。私は
学生団体やボランティア活動の経験から、限られた人に対する支援では
なく、声を上げられない人への支援が大事だと考えるようになりました。
そして、都庁インターンシップに参加した際に、仕事の責任の重さや広
範性を学びました。また、東京都は都民のニーズに柔軟に対応した取り
組みをしています。そのような点にも魅力を感じ、志望しました。

［東京都に採用されたらやってみたいことについて、具体的に書いてください。］

• 誰もが自分らしく生活できるようにするため、福祉保健局で障がい者
支援に携わりたいです。障がい者の方が能力や適性に応じて長く働き
続けられるよう、福祉施設だけでなく、一般就労と現場定着を支援し
たいです。

• 東京都の将来を担う子どもたちの教育環境整備を行いたいです。教育
格差を解消するため、東京都地域未来塾などの放課後学習支援の推進
に取り組みたいです。

面接カード実例④ 東京都特別区

［あなたが今後どのような仕事に挑戦したいか、ご自身の特徴や特別区への
志望動機も含めて具体的に書いてください。　※面接の冒頭に3分程度で
プレゼンテーションしていただきます。］

子育て支援に挑戦したいです。私自身、両親が共働きで、幼少時間の多
くを学童クラブで過ごしたことから、子育て支援の必要性を実感しまし
た。そこで、私の特徴である「粘り強さ」を武器に、育児負担を軽減し、
仕事との両立を支援する取り組みを行いたいです。区をさらに良くして
いこうとする熱意ある職員の方々と共に、区民一人ひとりと向き合って
仕事ができることに魅力を感じ、特別区を志望いたしました。

［あなたが今までに最も難しい目標にチャレンジし、困難な状況を乗り越え
た経験を教えてください］

300人いる学科内で、年間成績上位5名に選ばれたことです。私は両親
の負担を少しでも減らしたいと思い、成績優秀者に贈られる奨学金を受
け取ることを目標としていました。勉強とアルバイトを両立させるため、
2つのことを意識しました。1つ目はすき間時間の捻出と活用、2つ目

は時間配分とメリハリです。その結果大学1年次、履修しているすべての科目でA判定以上の成績を取得し、上位5名に入ることができました。

[チームで一つの物事に取り組んだ経験について教えてください。そこでのあなたの役割と、独自の考えやアイディアでチームに貢献したことを具体的に書いてください]

大学で所属しているゼミで、学部内の成果発表会に出場したことです。3か月という短い期間の中で、発表するテーマがまとまらず苦戦していました。そこで私はリーダーの補佐役として、情報共有ツールの活用を提案しました。これにより、議論が活発になり、メンバー全員が納得のいくテーマに決定することができました。結果、しっかり準備をしたうえで発表会に臨め、教授からお褒めの言葉を頂きました。

面接カード実例⑤ **地方上級**（県庁）

[県を受験した動機について具体的に書いてください。]

埼玉県が、豊かな自然と都市部を併せ持つ「日本の縮図」として、全国に先駆けた政策モデルづくりの役割を担っていることに魅力を感じたからです。説明会に参加した際、職員の方々の埼玉県に対する思いに感化され、私も貢献したいと考えました。生まれ育った埼玉県のために働くことで、全国の模範となる取り組みに携わっていきたいと考えています。

[採用された場合、従事してみたい仕事について具体的に詳しく書いてください。]

私が従事してみたい仕事は、「健康長寿埼玉プロジェクト」です。毎日を健康に暮らすことができる社会の実現に携わりたいと思いました。老々介護や2025年問題といった深刻な課題がある現在、高齢者の方々が介護を必要とせずに、生き生きと過ごせるような健康づくりや、高齢者以外の世代の人々にも高齢者となる前に、体力の維持・増進を図る仕事に携わりたいと考えております。

[これまでに力を入れてきたこと又は誇れるような体験や知識・特技などについて、書いてください。]

私がこれまでに力を入れてきたことは、高校で所属していたソフトテニス部での活動です。試合で勝つことができない日々が続き、つらい時がありました。その状況を改善するため、練習に対する意識を考え直した

り、顧問の先生に積極的にアドバイスを求めたりしたことで、高校3年生の最後の大会で過去最高の結果を出すことができました。

[あなたの性格について書いてください]
長所　世代関係なく人と関わることができます。
短所　物事に対して心配性なところです。

面接カード実例⑥　**地方上級**（政令指定都市）

[さいたま市職員を目指そうと思った理由]
さいたま市は交通の便が良く、埼玉県の中心都市でありながら、見沼田んぼや多くの公園などの自然が豊かであるところに魅力を感じています。また、CS90運動など、新しい取り組みにも積極的なところに共感しました。市民だけでなく市外の方にも、このさいたま市の魅力をもっと知ってほしいと思い、志望しました。

[あなたが考えるさいたま市の長所と短所]
• 長所　自然と都市が共存しているところ
　理由　憩いの場が多く、ストレスが溜まりにくいと感じるから。
• 短所　「さいたま市といえばこれ」という明確なイメージが定着していないところ
　理由　市の特産品や観光名所、イベントなどを活用すれば、地域振興につながると思うから。

[さいたま市職員としてチャレンジしてみたい仕事]
• 観光資源の広報推進
　理由　さいたま市の特産や名所、イベントをより多くの人に知ってもらいたいから。
• 健康増進活動
　理由　心身が健康であることは、あらゆる活動の基盤になると考えているから。

面接カード実例⑦　**市役所**

[東松山市の良い点と改善したほうがよいと思う点をあげてください]
東松山市には「化石と自然の体験館」や「埼玉県こども動物自然公園」

等の観光名所が多数存在し、また、「ひがしまつやま花火大会」や「日本スリーデーマーチ」等の行事も有名です。そのため、市内外や海外と人や文化の交流が盛んであることが良い点として挙げられます。一方、改善点については、駅前や商店街等でポイ捨てゴミをよく見かけるので、美化活動にもっと力を入れる必要があると思います。

[自分の長所と短所をあげてください]

長所は「何事にも忍耐強く取り組み、協調性・責任感を有すること」です。塾講師のアルバイトでは、生徒の学力向上のために事前準備を重点的に行い、責任を持って授業を行います。また、積極的に生徒と交流して信頼関係を築いています。

一方、短所は「心配性であること」です。そのため、さまざまな問題や状況を想定し注意を払うことで、克服に努めています。

[最近、関心を持ったり印象に残ったことをあげてください]

10月12日に台風19号による大雨で都幾川が氾濫したことです。自宅近くを都幾川が流れるため、氾濫情報の発表時は危機感を覚えました。この経験から、市民一人ひとりの防災・減災意識のさらなる向上が重要だと感じました。そして、職員として働く際は、市民の方々の安全を第一に考え、新しいハザードマップの作成や、台風時に河川の氾濫状況など多くの情報を収集して発信していきたいと思います。

[今まで最も打ち込んだことはなんですか]

大学1年から続けている塾講師のアルバイトです。最初は、授業準備や問題解説をうまく行うことができませんでした。そこで、事前準備を徹底し、先輩講師の方からもアドバイスを頂くことで改善に努めました。その結果、授業を円滑に進めることができると同時に、生徒に対するきめ細かな解説を行うこともできました。こうした経験から、状況に対応して解決する力を身に付けることができたと自負しています。

[東松山市の職員になって、やってみたいことはありますか]

東松山市が世界に誇る「日本スリーデーマーチ」の企画・運営に携わりたいです。特に、各コースの特徴や魅力、難所ポイントを記載したロードマップの作成を行いたいと考えています。また、防災フェアの運営や新しいハザードマップの作成を通じて、地震・台風など自然災害に対する市民の方々の防災・減災意識を高めていきたいと考えています。

［志望動機］

【愛着のある東松山市に貢献し続けるため】

私は豊かな自然・文化が溢れ、人々の交流が盛んである東松山市の市民として 21 年間生活してきました。そのため、将来は愛着のある東松山市に貢献できる職に就きたいと考えました。また、大学 3 年時にインターンシップに参加し、危機管理課やスポーツ課等の各部署で業務に携わりました。そこでは、実際の現場や業務内容、市民の方々とのコミュニケーションの重要性を学ぶと同時に、職員の方々の東松山市に対する思いや、市民の方々に貢献できる喜び・充実感を得ることができました。この経験から、私は愛着のある東松山市に貢献し続けるために、東松山市職員を志望します。

［趣味等］

趣味はドライブです。家族や友人達と、東北や四国に出かけます。初めて訪ねる場所の特色を発見することや、旅行の計画を立てるのが好きで、ストレスの解消にもつながっています。特技はソフトテニスです。中学 1 年から高校 3 年まで、後衛として練習や試合に取り組みました。サーブやストローク、試合展開が得意です。

［自己 PR］

私の長所は、「何事にも忍耐強く取り組み、協調性や責任感を有すること」です。私は、中学・高校時代にソフトテニス部に所属し、他の部員と共に厳しい練習や合宿を乗り越えてきました。さらに、試合後はペアと反省点について話し合い、プレーの改善に努めました。この経験から、何事も諦めずに取り組む「忍耐強さ」と仲間との「協調性」を身に付けました。また、「責任感」については、塾講師のアルバイトを通じて培いました。予習等の事前準備を徹底することで、授業の円滑化や生徒の成績向上につながりました。これらの長所を職員として日々の業務に活かし、行政サービスの向上と、東松山市のさらなる発展に貢献していく所存です。

面接カード実例⑧ **裁判所職員**

［裁判所職員を志望した動機］

私は高校時代の経験から、複雑な家族の問題に巻き込まれて傷ついた子ども達に対して手助けができる大人になりたいと思うようになりました。

その後大学の講義で家裁調査官について知り、家裁の説明会に参加しました。そこで調査官の方々と直接お話をさせていただき、その人柄や仕事に対する熱意に触れ、司法の枠組みの中で子どもの気持ちに寄り添えるところに魅力を感じ、志望しました。

[裁判所職員としての抱負]
持ち前の親しみやすさと強い責任感を生かして、子どもの心を解きほぐし、彼らが自分の将来を前向きにとらえられるように導いてあげることができる存在でありたいです。そのために、自分自身を高め成長していく努力を怠ることなく、周囲の人たちと協力しながら、精一杯貢献していきたいと思います。

[趣味・特技]
ピアノ、アコースティックギター、ヴィオラ、和太鼓、水泳

[これまで加入したクラブ活動・サークル活動等の集団活動]
管弦楽部（中学、高校）
学生法律相談（大学）

[長所]
開放的な性格で、初対面の人とでもすぐに打ち解けられます。人と話すことが好きなので、サークルでは新入生勧誘担当を任されました。その結果、目標人数を超える大勢の新入生を集めることができました。

[短所]
緊張しやすいところです。バイトの先輩にこのことを指摘され、その後は下準備をしっかりと行うよう心がけたり、人前に立つ機会を積極的に増やしたりして、改善の努力をしています。

[これまでに力を入れて取り組んできた活動や経験]
アルバイトでカフェの店員として働き、社員の推薦を受けて時間帯責任者を務めました。責任者としての業務は、通常の接客に加え、商品の発注や電話対応、売上金の管理などミスが許されない作業が多く、その責任の重さに何度も心が折れそうになりました。しかし、自分のことで手一杯にならず、他の従業員やお客様に心を向けて接することを心がけました。そのおかげで自分を目標に頑張ってくれる従業員や仲良くして下

さるお客様が増えました。この経験から、どんな時でも周囲の人を気遣う余裕を持つことの大切さを学びました。

[あなたがこれまでに目標達成に向けて周囲と協力して取り組んだ活動や経験]
大学のゼミで学生による法教育活動に取り組みました。この活動は、中学高校生に対して法学の面白さを伝えるために出張授業を行うものです。私はこの活動を行うにあたり、班の雰囲気を盛り上げ、面白い授業を作るために自分達も楽しんで作業できるように努力してきました。ゼミが始まったばかりの時は自分から積極的に話を振ってみたり、本番直前は6時間にも及ぶ班の会議の途中で暗い雰囲気にならないように、皆を励ましたりしました。こうして強い信頼関係を築くことができ、昨年は歴代最多となる1年で8回もの授業をやり遂げることができました。

[自己PR]
私は人と関わりを持つことが好きです。たとえその関わりの中で、辛い現実に目を向けなければならないとしても、最後まで逃げることなく人と向き合い、共に悩み考えることができる人であり続けたいです。

面接カード実例⑨　警察官（県警）

[受験の動機等について書いてください]
警察官は、地域住民、社会の安全を委ねられており、大きな責任を背負いながら、誇りを持って職務にあたっており、その点に魅力を感じました。また、日々のパトロールから道案内、犯罪捜査まで、どの業務もすべて「誰かのために」なっていることが警察官の仕事のやりがいだと感じ、志望しました。

[千葉県警察官志望の動機]
千葉県警察では、移動交番車やコンビニ防犯ボックスの活用を通して地域住民に近いところで防犯に努めているという点に魅力を感じ、志望しました。テレビや新聞などで毎日、警察の活躍を耳にし、パトカーや交番を目にしているうちに治安の維持は警察がいるからだと気付きました。幼いころから千葉県に住んでいるので、自分が享受してきた治安を次世代にも引き継ぎたく、千葉県警察官を目指しました。

[警察官としての抱負]
地域課での勤務ののち、生活安全課で振り込め詐欺や少年を狙った犯罪など市民生活を脅かす身近な犯罪の防止に取り組みたいです。また、第二の被害者を出さないために、刑事課で犯罪捜査をおこなうことにも興味があります。どちらの課も扱う犯罪の種類が多いので事例について積極的に知る努力をしていきます。

[卒論テーマまたは所属ゼミの研究テーマ]
中東の地域研究のゼミに所属しています。2011年に起きた「アラブの春」がきっかけでエジプトに関心を抱き、個人研究では、エジプト情勢の変遷を調べています。

[学生時代に打ち込んだこと]
衣料品販売のアルバイトです。店舗目標が顧客満足度の向上だったので、「笑顔での対応」や「丁寧に聞き取りやすい声で話す」など個人的に課題を持って取組みました。

[あなたが考える自分の性格（長所）]
常に前向きなところです。アルバイトでミスをしたときも、ミスを引きずらず反省し、次に生かすことを考えました。

[あなたが考える自分の性格（短所）]
頼まれるとなかなか断れないところです。自分のことを後回しにしてでも、人の期待に応えようとしてしまいます。

[友人との思い出]
高校時代、バスケットボール部でおこなった5日間の合宿です。毎日午前・午後各3時間の二部練習があり、精神的にもつらかったのですが、仲間と励まし合って乗り越えることができました。

面接カード実例⑩ **消防官**（東京消防庁）

[志望動機・受験動機]
【一人でも多くの命を救う消防のスペシャリストになりたい】
人のためになる仕事がしたいと思っていた矢先に東日本大震災が起こりました。すぐに被災地に行き、体力と技術力を駆使して救助に活躍され